坦途

职业生涯如何少走弯路

路烽◎著

清华大学出版社
北京

版权所有，侵权必究。举报：010-62782989，beiqinquan@tup.tsinghua.edu.cn。

图书在版编目（CIP）数据

坦途：职业生涯如何少走弯路 / 路烽著 . — 北京：清华大学出版社，2024.1（2024.3重印）
ISBN 978-7-302-65161-1

I.①坦… II.①路… III.①职业选择—研究 IV.① C913.2

中国国家版本馆 CIP 数据核字（2024）第 004492 号

责任编辑： 宋冬雪
封面设计： 青牛文化
责任校对： 王荣静
责任印制： 丛怀宇

出版发行： 清华大学出版社
    网 址： https://www.tup.com.cn，https://www.wqxuetang.com
    地 址： 北京清华大学学研大厦 A 座 **邮 编：** 100084
    社 总 机： 010-83470000 **邮 购：** 010-62786544
    投稿与读者服务： 010-62776969，c-service@tup.tsinghua.edu.cn
    质 量 反 馈： 010-62772015，zhiliang@tup.tsinghua.edu.cn
印 装 者： 小森印刷霸州有限公司
经 销： 全国新华书店
开 本： 148mm×210mm **印 张：** 9.75 **字 数：** 175 千字
版 次： 2024 年 1 月第 1 版 **印 次：** 2024 年 3 月第 3 次印刷
定 价： 78.00 元

产品编号：102282-01

本书所获其他推荐

Shirley SHEN　世界 500 强企业人力资源专家

每一个进入职场的人都希望自己能有好的职业发展。如何选择适合自己的职业道路？自身的优势是什么？如何才能发挥优势在企业中获得更好的成长？路烽老师根据自己在人才测评领域的深厚积累，结合多年咨询和辅导经验，总结了一套系统性的方法和模型，帮助你认识自己、发展自己、成就自己。

老 P　CGL 创始人

慧眼识才，将有潜力的人安排到合适的成长环境中，是我创建全方位人才管理平台公司的愿景。路烽老师的这本《坦途》，会帮助你深刻认知自我的心智，理清七条职场跑道的价值诉求，从而在适合自己的职场赛道上不断提升经验和技能，收获事业的成功。

徐勤　同济大学经济与管理学院副教授、前 MBA/EMBA 主任

虽然职场如人生，并无坦途，但路烽老师的这本《坦途：职业生涯如何少走弯路》却给我们提供了无限接近的可能：对行业规则的敬畏之心、对周围关系的感恩之心、对谦卑自我的探索之心。漫漫职场路，跑道转换在所难免。以我为例，之前做了 10 年的项目运营，现在要开启学院的对外合作拓展。因此，每个职场人都一样，唯有秉承这"三心"，才能更好地拥抱不确定性。

张美吉　九十里咨询创始人，九十里私董会主理人

在过去 20 多年的职业生涯中，我经历了从前台到高管猎头顾问，从职业经理人到创始人再到服务创业者的身份转变。我的每一次跨越，都能在路烽老师的这本书中找到印证。行百里者半九十，人生从没有什么"坦途"，每一个看似"坦途"的背后，都是一次又一次艰难的选择和用尽全身力气的跨越。希望年轻的职场人可以从路烽老师这本书中，找寻到勇气、智慧、干法，以及"坦途"的秘密。

陈丽　森鼎咨询创始人，沃思创新研究合伙人

作为一个正奔跑在书中第五条职场跑道上的人，我曾因路烽老师的一次测评和一段话深受启发，做出了重要而正确的决策。感谢这本书，相信它可以帮到更多像我一样在决策关口困惑的创业者。在这个动荡的时代，找准优势、用对关键资源、做好关键决策尤为重要。无论当下你在哪儿，未来又要奔向哪儿，推荐读读这本书，它凝聚了路烽老师 30 年的职场和商业经验。如何做好个人品牌定位，战略性地发挥优势打好自己手中的牌？如何科学避坑、化坎坷为"坦途"？读完这本书，你可以通过思考找到解决问题的出口。

金海龙　广州松下空调器有限公司董事、总经理

每个人要在职场中找到适合自己发展且与公司发展相匹配的路径，就像产品研发投入前做市场营销定位分析一样，你要将自己这个"产品"放入职场大环境进行持续的定位。路老师结合自身丰富的经历，在《坦途：职业生涯如何少走弯路》一书中进行了系统的整理，这本书可被称为职场发展秘籍。

李吉　恺讯咨询创始合伙人

初识路烽老师，当时我创立了一家"小而美"的公司，正在为初创期合伙人和员工的离开而烦恼，是路老师的 PVS 模型让我重新认识了团队，重新定位了自己。路老师把自己的所感所悟所得结集成为这本书，让人敬佩。如果你在工作和生活中感到迷惘，大力推荐读一下这本书，它可以帮你解惑，而且并不局限于书中提到的七条职场跑道上的人。

李飞　哲弗智能系统（上海）有限公司创始人、董事长

在《坦途：职业生涯如何少走弯路》的第十一章"踏上创业的征途"中，我看到了自己的影子。赶上时代的发展，在跨国公司做到总裁后，我开始深度思考什么是属于自己的事业。"我要创建一家高技术公司"这句话一直萦绕在我的"心智方程"的"心"的部分，现在我正在这条跑道上奔跑着。

李菲　O&F 肉研所创始人

身处这个时代，"混迹江湖"二十多年的我，思索着人生和事业的转型，也思考着再次让自我价值和社会价值达到一种新的平衡。我们到底可以做点什么？奔五的年龄，我开始跨行业创建 O&F 肉研所，一切从"心"开始，直面一场"智、心、情、身"的综合拉力赛。在读路烽老师这本《坦途：职业生涯如何少走弯路》的过程中，我找到了很多自己的影子，第一次清晰地梳理出自己原来在做一种创新型交易公司。同样，相信寻求转型和新契机的你，也可以通过本书，找到一条属于自己的"新方程式"。

张君仪　从"南航乘务长"到"成功的自媒体博主"

《坦途》这本书引发了我的长期思考，我是努力成为规模型企业的"一把手"，还是创立一家"小而美"的公司，抑或是成为一个放飞自我的自由职业者？相信读完这本书你也会找到属于自己最好的职业发展路径！

李雪松　商务谈判专家，极北光管理合伙人，《逆势谈判》作者

一本相见恨晚的"人生指导手册"！我在毕业后的 7 年中经历了职场的快速发展期成为大型跨国公司的中层管理者，也在大众创业大潮中一度陷入无法自拔的困境，后来回归职场迅速成为规模型企业的副总裁，但因为个人兴趣和志向，又主动转型为介于放飞自我的自由职业者和"小而美"公司之间的创业者。这一年，我 35 岁，经历了书中所描绘的七条职场跑道中的四条。现在，我虽然没有中年失业的焦虑，却有许多没有发挥自己天赋的遗憾。作为一个典型的"80 后"，我们这一代人的职业发展面临很多机会，但也缺少前辈指点——"70 后"当时也在职业发展的探索期，而"60后"或者我们的父辈很少有人具备职业发展的经历和经验。拿到这本书时，我真的有遇到一位期待已久的导师的感觉，如果早有这本书，相信我会更加了解自己的天赋和优势，也会在职业发展中做出有别于当初的选择。可以看出，这本书凝聚了路烽老师在职业发展和后来的咨询生涯的心血和智慧，更是一本真诚实在的书。我会在未来遇到选择问题的时候求教于它，也会把它推荐给每一位想要了解自己的优势和潜能，以及在个人职业发展中遇到困惑或选择问题的年轻朋友。

张磊　TI 集团 FTDS 中国区总经理

看到路烽老师《坦途：职业生涯如何少走弯路》一书"成为一把手"的章节，我很有共鸣和感慨。我也是从一个项目工程师出身，通过多次晋升和轮岗才逐步走向高级管理者，中间还经历过创业，最终通过"心智方程"这个模型，发现了自己更适合做一个优秀的管理者。

甘韬　马丁森领导力发展中心高级合伙人

路烽老师在《坦途：职业生涯如何少走弯路》这本书中问到了一个很有力量的问题：我们能否提前判断哪条职场跑道可以更轻松到达事业巅峰？我从企业的人力资源经理离职成为一名独立咨询顾问已经 10 年了，这个问题现在看我依然觉得震聋发聩。这 10 年间，我在不完全了解自身特质的情况下，可谓赤身肉搏。在一次次与合作伙伴的强势沟通中，左右为难；面对很多机会都不想放手，但到最后关头还是会败在自己"心智方程"的短板上。如果早些认知自我，我就不会与周遭环境磨合这么久。这不是意志力与舒适区的问题，而是更早地自我觉察，每个人就可以更放松地选择自己的人生。

魏浩征　劳达咨询集团＆塞氏中国研究院创始人，《自驱型组织》作者

《坦途：职业生涯如何少走弯路》是一部深入探讨个人成长和职业发展的精彩之作。路老师以独到的思维和洞察力，带领读者走进了一个全新的思维宇宙。无论你是年轻的职场人还是人届中年希望重塑事业，这本书都将给你带来启示和突破。这是一本鼓舞人心的读物，它将引导你走上成功之路！

李建伟　腾讯校园前负责人，连续创业者，产教融合顾问

和很多人一样，我是一个随遇而安的人，不管生活给了什么样的题目，我仿佛都能做得津津有味并小有成就。计算机专业毕业，做过文学工作室，出版过英语教材，熬过互联网大厂，分别在校园社区、社交、学前教育领域创过三次业。我一度因自己不错的学习能力沾沾自喜，直到投资人说了一句"如果不是四处转圈，你可以走得更远"，我才恍然大悟。我用 20 年的失败经验总结出了人生的捷径："认知自身天赋，持续深化，达到一定范围内的无可替代，进入高增长行业，寻找志同道合的伙伴，放大杠杆，秉持共赢原则，对人开放，对目标专注，尊重自己的时间。"当我看到路烽老师的这本《坦途》才发现，所有的"原则"、路径与案例都早已写在了这本书里。有时候我也会想，如果能早些看到这本书，我的人生会不会不一样？

相见不晚，一起出发。愿你通过这本书早日找到自己撬动地球的支点。

严俊　国际教育家庭顶层路线设计者，曾任国际学校校长

书中有这么一句话："为什么这些 90% 的人没有去把握命运从事自己具有天赋、自己喜欢的工作呢？"对此我感触颇深。我曾经在一所国际学校担任校长，后来辞职创业，其实很大程度上都是受了这句话的影响。我跟路老师认识好多年了，在他写《坦途：职业生涯如何少走弯路》这本书之前，其实我已经听他说过好多次这句话。路老师曾经帮助很多职场人找到了正确的职业发展方向，我创业后，也希望帮助更多的学生找到他们喜欢和擅长的方向。无论是找到学业的方向还是职业的方向，自我认知都是最重要的一步。相信我，看看这本书，找到你人生正确的方向。因为只有方向对了，所有奔跑的努力才有意义。

王立峰　互联网行业创业者，曾任企业人力资源高管

书中第八章的内容令人印象深刻，这是一本每个企业管理者想提升领导力必看的干货图书。

推荐序一

我的青年时代是在象牙塔中度过的，分别在北京协和医学院和哈佛大学各拿了一个博士，30 岁后才进入职场，在中欧国际工商学院和北大光华管理学院做了 13 年教授。过去的 5 年我进入产业，先后在药明康德做首席战略官和一家集团公司的健康产业平台公司做 CEO（首席执行官）。

每个人都在不断选择中寻找自己的那条事业"坦途"，是为了终点，抑或途中的风景？

当经历了"四十不惑，五十知天命"的阶段，我们都会再回首，既是反思，更是展望下一段旅程。毕竟，我们生活在预期寿命接近 90 岁的时代。

我和路烽老师认识二十多年了，作为同一个城市长大的同龄人，我们常探讨不同朋友的选择和各自的精彩，当然也有一些叹息。在时代的巨浪中，航程的指北星，可托付的伙伴，自己的角色演进，都是必修课。

正如路烽老师在《坦途：职业生涯如何少走弯路》这本书中提到的七条职场跑道，有人成为大型企业的总裁，有人成为一个领域的顶级专家，有人创建了"小而美"的公司，也有人通过不断吸引投资者将一家小型公司一直做到了上市，当然，也有人选择轰轰烈烈地从企业离职转而成为自由职业者。受限于经验、时机和每个人的"心智方程"，有的人可能又选择回到企业成为一名专家或者管理者，或者缩减业务成为一个"小而美"的公司。

我们身处的时代孕育着各种机会，路烽老师的这本书，也许能让我们通过个人的"心智方程"去思考什么是自己的"坦途"，怎样走好自己的路。

张炜

香港大学经管学院教授

哈佛大学博士

北京协和医学院博士

推荐序二

"理性的光辉，造福精英。"《坦途：职业生涯如何少走弯路》的出版让我觉得有些突然：一方面，书中内容多是作者的"护城河"；另一方面，作者怎么可能有时间出书？

最近见到作者是在虹桥机场，当飞回北京的航班开始登机，我说咱们可以继续在回北京的航班上聊，他却说要飞往深圳，永远在路上。

我们因为哈雷摩托相识，后来得知他接手了一家咨询和培训公司，日常是各种飞，还有钟表收藏、演奏和哈雷通勤。我们见面的时间越来越少，偶尔见面，我得知他的客户多是头部。

总的感觉，作者最打动我的不是哈雷的狂野而是理性的光辉。表面上，他是时间管理高手，所以工作与生活能够平衡。实际上，他是成功者的教练。

曾经为了提高自身的竞争力，我急需拓展能力。演讲并不是我的天赋，但作为车友，经作者点拨，我在同行中脱颖而出，这证明了作者在书中讲的天赋与科学培训的关系。正是因为这次拓展，我从胜任的主编成为放飞自我的自由职业者。我不太确定与作者的交往过程中是否被施了"心智方程与PVS胜任模型"的法术，但我的确感觉自身提高了很多。我比以前更忙，甚至都没有时间享受那些时髦的快乐（美食、美酒、雪茄、烟斗），但幸福感爆表。

这本书不但可以作为创业和职场的规划指南，更能帮助你建立科学的思考框架和价值结构，最终满足自我实现的需求。

非常欣赏作者能把这些真知灼见分享出来，这也是理性光辉的照耀。祝阅悦。

刘兴力

腕表流行力、《腕表都发》腕表评级创始人

"你若精彩，天自安排"

为什么要写这本书呢？

在我 30 年的职业生涯中，前 20 年在大型企业^①经历了完整的初级、中级和高级管理岗位工作。40 多岁时，我切换到一条全新的职业赛道——成为一名"人才"咨询专家。在近 10 年的咨询工作中，我评估、辅导和培训过几千名高级管理者和创业者。他们经常跟我说的一句话是："路老师，我们要是早点遇到您多好，您真应该写一本书指导职场和商场中的人，这样我们可以少走很多弯路。"

在反思自己的职业生涯时，我也发现在很多决策关口，如果能有人指点帮我做出正确的选择，可能我会在职场中取得更

---

① 国家《统计上大中小微型企业划分办法（2017）》对不同行业的大型企业有不同的定义：比如工业领域，从业人员在 1000 人以上、销售额在 4 亿元以上的企业为大型企业；建筑业领域，营业收入和资产总额在 8 亿元以上的企业为大型企业；租赁和商务服务领域，从业人员在 300 人以上、资产总额在 1.2 亿元以上的企业为大型企业。

大的成就。所以，我决定把自己在公司工作的经验和近10年的咨询经验通过这本书分享给大家。另外，在一些大学的经济管理学院和商学院的EMBA（高级管理人员工商管理硕士）及总裁班的长期教学工作中，我也体认到，我应该将多年来看到和经手的案例进行梳理并结集成册，形成一本囊括企业组织领导力课程和职业发展课程知识的工具书。以上就是我写这本书的动力和背景。

在我辅导过的企业创始人、总裁、总监中，我发现能够发挥个人天赋的只有极少数，大部分人的成败都基于自我认知和对工作场景的认知是否匹配。ChatGPT宣告了AI（人工智能）时代正加速到来，也促进了工作场景的改变。不同人的自我认知与对工作场景的认知的匹配程度不同，导致了他们的思维不同、行为不同，进而就会出现不同的结果。

我们经常看到：

• 同样是刚刚进入公司的应届毕业生，有人如鱼得水，有人在实习期就被无情地淘汰。

• 有的人很快就能熟练带领团队，30岁就脱颖而出，成为中层管理者；有的人干了20年却没有得到任何晋升的机会。

• 毕业聚会，班里曾经普普通通、毫不起眼的同学，却成了规模企业的总裁。

• 小时候"不靠谱"的手表爱好者，成了奢侈品带货达人；爱折腾摩托车的邻家男孩儿天天上热搜。

•AI技术已经开始替代一些复杂的技术型工作，"学会数理化，走遍天下都不怕"这句老话放到现在似乎已经不适用了。

我写这本书并不是要无趣地讨论性格等因素对我们职业的影响。通过对我身边的同龄人及我辅导和培训过的几千名企业创始人、高级管理者的认知能力的测试数据进行分析、评估和跟踪，我总结出一条显著的规律：

每个人都有自己最独特的潜力和最适合自己的职场跑道，选择适合发挥自身潜力的跑道会更容易取得成就，职场之路会走得更为顺畅。可惜，很多人在面临职业抉择时经常掉入认知陷阱，在一些关键节点上选择错误。

人生就像开弓箭，没有回头路，时间也无法倒转。我们能做的只有尽量减少遗憾，从一开始就选对跑道，并坚持奔跑在正确的道路上，找到属于自己的坦途。

时间没有尽头，但每个人的职业生涯都会有终点。如何做到以终为始，设计适合自己的职业发展道路呢？在咨询实践中，我为学员们规划了七条职场跑道：

（1）在规模企业，成为某一领域的专家

（2）在规模企业，成为副总裁级别的高级管理者

（3）在规模企业，成为"一把手"的总裁

（4）成为自由职业者

（5）成为"小而美"公司的创业者

（6）成为创建一家规模型企业的企业家

（7）成为轻松赚钱的商人

本书结合我在教学和培训过程中的 72 个真实场景案例，致

力于帮助读者避免被埋没天赋，取得属于自己的职场成功。

阅读这本书，你会有以下收获：

（1）初入职场，了解自己在哪一条职场跑道上更有"天赋"。

（2）了解如何成为管理者，如何从初级管理者晋升为中级管理者。

（3）懂得为什么能力相当，晋升到高级岗位的却永远不是你。

（4）当工作遇到瓶颈，清楚自己是不是应该跳槽。

（5）了解自己更适合做打工人，还是成为更灵活的自由职业者。

（6）判断自己是否适合创业，是适合创办"小而美"的公司，还是凭借资源和智慧创办商人型的小企业，抑或创办规模型企业。

本书以我在辅导实践中探索出来的"PVS胜任模型"贯穿始终，"P"代表个体自身的潜力，"V"代表工作价值观，"S"代表不同职场跑道应具备的技能。PVS胜任模型共包含两大部分。

第一部分是个人认知，即"P"的部分：用"心智方程"就个人潜力的智、心、情、身四个方面进行评估，帮助你充分了解自身的优势和局限。

第二部分是如何在适合自己的职场跑道产生价值、取得成功及需要哪些技能，即"V"和"S"的部分。这一部分具体介绍了七种典型的职业发展道路，并结合真实场景让你身临其境地知道自己在哪一条跑道上更具备潜力、更容易取得成功。

过去 30 年，我经历了中国社会发生的巨大变化。时代在变，未来承载企业成功的因素，因为数字技术的发展、AI 的出现和人才的流动，已经从产品和服务的研发、商业模式的迭代，转变为"领导者""人才""组织效率"和"创新能力"。人变得非常重要。

我的经历和经验主要聚焦于企业和创业场景，希望这本书能帮助你在一个易于理解的框架下了解和认知自我，找到属于你的最佳职业生涯路径，在每个关键节点都能把握好机会，走上属于自己的坦途。

2023 年 7 月

目　录

引　言

我在做高管教练时，经常会问对方一个问题："你是在为你的兴趣工作吗？你觉得自己的天赋适合这份工作吗？"这些企业高管、创业者甚至大型公司老板的回答让我很惊讶，他们当中给出肯定答复的人少于10%，也就是说，超过90%的人认为自己的兴趣、潜力和所从事的职业不匹配。

为什么超过90%的人没有从事自己具有天赋或自己喜欢的工作呢？我们又是否可以提前判断哪条职场跑道更轻松、更容易到达职业巅峰呢？

我发现，很多父母非常热心于帮助下一代选职业，告诉他们应该上什么学校、学什么专业、什么样的是好工作等，但事实是计划永远赶不上变化。

我父母那一代人认为孩子理所应当去做公务员、进国有企业工作，但我们那代人在20世纪90年代赶上了下岗潮。我们的父母觉得玩摄影是"不务正业"，因为当时的社会不需要那么多摄影师，但谁也没想到现在短视频爆火，摄影这项技能有了更大的商业价值。我们的父母觉得追星没有意义，但现在粉丝经济已然成为一种商业模式。曾经也有父母坚定地让孩子学计算机编程，但现在这批人马上面临与 AI 代码程序员的竞争。

我认为，父母不要轻易帮助孩子规划未来，因为父母自身的认知水平可能就决定了他们的命运，给儿女做出的规划也可能是平庸的。

"机会只留给有准备的人"

最近 10 年，我经常帮助各类企业组织进行人才评估，包括跨国公司、国有企业，也有从 0 起步发展到拥有数千人、上万人的新兴民营企业。在做咨询及给商学院讲课的过程中，我接触了大量的职业经理人和创业者。最大的发现和体会就是，在人生和职场取得成功的人，都善于在恰当的时机做出最适合自己的选择，抓住机会。

成功的那一少部分人，我发现他们都比较早地发现了与自身潜力匹配的职业跑道。比如比尔·盖茨、乔布斯和马斯克都是辍学生，他们早早选择了自己认准的道路并坚持不懈，当我们看到他们获得成功时，往往已经是 20 年后了。

很少有人具备提前针对未来做准备的"天赋"，在机会出现时，大部分人都因为没有做好准备而错失机会，这本书就是通过 PVS 胜任模型来帮你了解与你自身潜力相匹配的最佳职场跑道，让你走上职业和人生的坦途。

人各有天赋

"你具备在哪些方面取得成功的潜力？"

我见过很多因为选择了不适合自己的职场跑道，把一手好牌打得稀烂的人；也见过潜力很一般，却因为一直在自己擅长的跑道上，从而登上职业生涯巅峰的人。我认为，每个人在这个复杂的商业社会都有某些特定方面的潜力（图 0-1），那么你的哪些特定潜力和兴趣，会让你在哪些特定的职业更容易取得成功呢？

图 0-1　人的天赋

我做的"人才测评和辅导"工作就是回答这个问题的，但这是一个小众行业，我在这里解释一下。人才测评一般是评估一个人将来能否在更高级的工作岗位上取得成功，为企业找到适合做高级管理者的人选。对个人来说，主动寻求清晰的自我认知，为将来做规划，也是人才测评的一部分。很多家族企业对"二代"的评估和选拔也是人才测评重要的市场。

社会分工为每个人潜力的发挥都提供了机会：人的智力因素、认知能力、性格特点、成就动机、价值体系、与其他人沟通的模式等的组合，导致每个人"天生"适合一些职业、岗位和管理层级，以及不同的人的创业、投资天赋各有不同，等等。如果你能找到适合自己的职场跑道并长期坚持，就可以更轻松地在事业上取得超出别人的成就。

我到了50多岁"知天命"的年纪，蓦然回首，才发现一个人取得成功的秘诀并不在于拿到什么牌，而在于如何打好自己手里的牌。

天赋和职业的匹配：PVS 胜任模型

那什么是我们手上的牌，我们又该如何用好手上的牌，取得人生和职业生涯的成功呢？在人才测评项目中，为了方便企业和被评估者理解，通过不断简化复杂的领导力和胜任力模型，我总结了一个得到企业和被评估者一致高度认可的模型，这就是 PVS 胜任模型（图 0-2）。

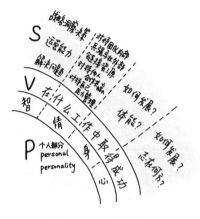

图 0-2　PVS 胜任模型

　　PVS 胜任模型致力于帮助个体了解自身的潜力（P），明确自己适合在哪条职场跑道上奔跑，这条跑道的要求和价值是什么（V），需要主动学习哪些技能（S）才能到达成功的巅峰。具体如下：

P：自身的潜力

　　我在领导力教学和人才测评工作中，提出了"心智方程"的概念来代表 PVS 胜任模型中"P"的部分。"P"指的是和个人相关的部分，来自英文"personal facts"（个人的因素）和"personality"（人格特质）。在遗传基因的基础上，经过家庭教育、社会环境和学校教育的后天发展，个体成年后趋于稳定的个人部分，即"心智方程"。"心智方程"主要由四个方面构成：

（1）"智"：我的天赋是什么？我在做哪些事情上更有潜力？我能解决什么问题？

（2）"心"：涉及每个人的价值体系和动机等。我认为什么是有价值的？我做事的动机或者动力来自哪里？我的信念、梦想、愿景、使命是什么？

（3）"情"：我能感受到不同的情绪吗？我如何控制它们？我如何面对压力？如何跟别人打交道？我怎么对待别人、体会别人和管理别人的情绪？我的沟通方式是否恰当？我在团队中是如何表现的？我是从众还是游离在外、主动引领团队？我是如何面对社会的？

（4）"身"：我身体的基因是什么样的？我注重"修身养性""锻炼身体""洁身自好"吗？我是如何分配时间和精力的？

我认为，这四个方面的因素，决定了我们个人的潜力。

V：工作价值观

"V"来自英文单词"values"（价值）和"victory"（成功），即：个体所在的职场跑道的场景是什么样的？这条职场跑道对成功的要求是什么？我们如何选择最适合自己的职场跑道？我们如何在自己选择的职场跑道上取得成功，产生价值？

企业组织是由员工和各个层级的管理者构成的，每个管理层级具备不同的工作价值观（work values）。拉姆·查兰（Ram Charan）在《领导梯队》（*The Leadership Pipeline*）一书中把规模型公司分成了如下几个简单的领导层级：

- 带领一个团队的管理者
- 带领多个团队的中层管理者
- 副总裁：全面负责企业中财务、研发、运营、销售、人力资源体系等某一个功能模块
- 总裁：即一把手，全面负责一家规模型公司
- 集团领导者：领导一个由多家公司构成的集团

不同层级的管理者为公司带来的价值区别很大，每个层级的管理者都需要充分理解自己所在的层级能为公司带来哪些价值。我在后文对不同的职场跑道都做了明确的澄清，我们要理解不同的职场跑道的价值诉求是什么。

除规模型企业之外，还有大量的自由职业者为企业提供专业化的服务，那么自由职业者如何长期独立生存，体现自己的价值，取得相应的事业成功？

在经济社会中，创业者和企业家往往能起到关键性的作用。在创业之前，他们可能是企业员工、管理者或者自由职业者，当然也有创业者在创业之初没有任何职场经验。这些创业者中有人会创建一家小型专业公司，我们称之为"小而美"的公司；也有人会创建一家小型"贸易公司"，成为轻松的商人。这些人中的极少数，能够把"小而美"的公司或者"贸易公司"做大做强，成为拥有规模型企业的企业家。

另有一部分人充分利用社会的投资资源，开始创业时就在风险投资的帮助下，不断融资并公开上市，成为一家规模型企业的创始人。这些创业者想要长期持续自己的事业，企业就需要不断创造价值，获得客户和利润，并不断加大对产品和服务的投入。

S：不同职场跑道要求具备的技能

"S"来自英文单词"skills"，即我们用什么样的技能，在所选的职场跑道取得"价值和成功"（V）。这些技能包括个体在成年后可以加以训练的部分，我的工作就是通过培训和辅导，帮助管理者或者创业者提升相应的技能，将个人潜力转化为实际的工作能力。

很多管理和领导技能无法在学校的课堂上学到，必须通过在职场中不断实践，才能够形成，具体如表 0-1 所示。

表 0-1　职业各方面的技能

	专业方面	管理方面	领导力
知识	专业相关的知识	管理方面相关的知识	领导力相关的知识
技术	销售七步法，顾问式销售，操作设备，驾驶车辆，代码编程，薪酬体系搭建，项目管理，平面设计，质量体系搭建，财务账目，精益生产，等等	组织设计，目标设立，目标分解，流程把控，设备管理，项目管理，岗位职责说明书、企业文化手册编制，等等	因人而异的委派和授权，高效沟通，团队气氛建设，激励方法，创新—优化 z 的技能，战略思维，等等

	专业方面	管理方面	领导力
能力	高效销售、建立公司的销售体系，复杂业务的谈判，数字化平台建立和运营，建立精益生产体系，制定公司融资商业计划书，公司产品标识设计，建立供应链体系，应对法律诉讼，提供软件解决方案，等等	结合战略建立高效组织，优化精益生产流程，达到超出行业的增长目标，委派一授权，团队分工及协作，研发统筹，工作效率提升，战略规划，等等	愿景，追求创造价值，外部资源协调，影响力，个人魅力，战略和商业洞察，团队的高效协作，辅导下属的能力，持续提升、激发工作热情，捕捉商业机会，创新和稳健的平衡，等等

本书介绍了与个人潜力相关的"心智方程"，以及七条职场跑道的价值诉求（V），告诉我们该"如何选择跑道"及"如何跑"（S）。书中的很多场景案例囊括了职业发展中可能遇到的一些"未知的障碍"。PVS胜任模型可以帮你选择正确的职场跑道，明确可以利用哪些技能"跨越障碍"，一路抵达事业巅峰。

七条职场跑道

心智方程的不同组合，构成了每个人独特的特点和潜力，这些特点如何对应到个人职业的选择上呢？为什么有的人在一些特定的工作场景中更容易取得成功呢？从商业社会的分工角度，我认为有明确的七条职场跑道（图0-3）。这七条职场跑道着重聚焦于企业的场景，排除了政府机构和公共事业等其他机构。但殊途同归，那些希望在不同组织机构中发展的人，也可以参考本书的一些观点。

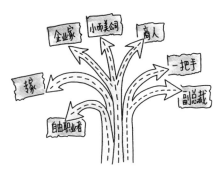

图 0-3　七条职场跑道

1. 成为专业人士，甚至是某一领域的首席专家

　　猎头和大型企业都青睐于可以解决具体问题的专家。一家规模型企业本质上就是由几十个精通各种业务的多职能的专家构成的，比如预算专家、金牌销售、质量体系专家、风险合规专家、IT 专家、系统流程专家、审计专家、研发专家等。而且，专家也很难被 AI 替代。

　　我会在第七章对这条职场跑道进行解读，让你了解你的心智方程是否适合成为专家，以及需要掌握什么技能才能更快取得成功。

2. 成为管理者，甚至副总裁

一个人毕业后进入规模型企业，通常是从"个人贡献者"（专业人士）开始逐级晋升，先是带领一个团队，再带领多个团队，在每个管理层级都经历"到岗—熟练—卓越"的转型，不断提升自我，然后做到规模型企业的副总裁。

我会在第八章讲解：如何从个人贡献者转变为团队经理，以及如何理解不同的管理场景，蜕变成为"卓越的管理者"；如何发现机会逐级晋升；这条跑道有哪些特定要求，以及我们如何评估自身的心智方程是否适合。

3. 成为规模型企业的核心决策者，即"一把手"

"一把手"通常是从副总裁等高级管理者中脱颖而出的，"一把手"需要全面理解公司各个部门的业务和职能，既要对公司的整体经营负责，又需要为公司制定或执行长远的发展战略。成为"一把手"可以认为是一个人事业成功的顶点，那么什么样的心智方程适合从副总裁到"一把手"（决策者）的跨越？这些我会在第九章进行具体阐述。

4. 成为自由职业者

无论是一毕业就根据自己的专业独立谋生，还是积累一定职场经验后再辞职；无论是个人规划，还是无意中促成，选择独立工作的人，一般专业能力都够强大，并且擅长将自身能力转化为客户的解决方案，与客户建立合作关系，成为独立的"乙方"。

自由职业者是一条看起来很"香"但实际非常艰辛的职场跑道，需要不断学习和积累经验，提升自我，利用自己的时间来换取高额报酬。我非常佩服那些自由职业者，他们喜欢钻研、坚持学习、不求安全感、追求自由。他们可能是设计师、作家、独立咨询师、独立律师、培训师、心理咨询师、封面设计师、瑜伽老师等，发达国家把这个群体称为"自我雇佣者"。

我发现身边成功的自由职业者的心智方程都很相似：他们是非常独立的一群人，依靠时间、能力和经验的投入来完成复杂的工作；他们往往才智过人，专业能力强大，对自己有很高的要求；他们不喜欢人际复杂的环境，经常我行我素，不喜欢妥协，但为了完成工作也会与他人建立协作关系；他们大多不喜欢被管理、被约束，在别人给定的目标下工作会让他们很不舒服，更喜欢选择自己特有的方式。

我将在第十章描述相关的场景，帮助你理解和评估自身的心智方程是否适合成为一名自由职业者。

5. 创建或拥有一家"小而美"的公司

"小而美"的公司具备以下几个明显的特征：

• 依靠在某个特定领域的超强专业能力，提供特定的服务，比如商品的标识设计、外观设计、某项专业的数据分析等。规模型企业无法长期雇用这样的专业人士，比如一家企业可能几年才会需要设计一个全新的商品标识。当然，还有很多"小而美"的律师事务所、领导力研究中心、特定行业的战略咨询公司、景观设计公司、财务咨询公司、影视工作室、心理咨询工作室等。

• 公司的创始人或者专家都是多面手，既能够通过商业手段拿到确保自己生存并且赢利的项目，又能够高质量交付。

• 公司管理相对简单，管理成本比较低，效率高。

• 成本低，不需要专职的人力资源和财务人员。非公司核心技术方面的能力，都可以通过与其他公司或者自由职业者协作完成，减少固定成本。

• 个人品牌和个人影响力是"小而美"公司的核心竞争力。

"小而美"的公司大多是由自由职业者发展而来的。如果一名自由职业者经常能接到超过自身交付能力的工作任务，就有可能会寻找一个合作伙伴或者助理来帮助自己。交付能力得到提升，他又会承接更多的项目，循环下去，就可能会创建一家拥有十几个或几十个人的公司或工作室。我本人就带领着一家"小而美"的公司，我认为这类公司会逐渐成为中国商业社会快速发展的企业类型，因为中国的企业正逐步从"大而全"转向经营效率的提升，很多非常规、专业度要求高的事情，交给外部供应商去做效率会更高。

自由职业者和"小而美"公司创始人的心智方程区别非常

大，这些差异导致很多自由职业者在招兵买马成立小公司后，遭遇反复失败，投入资源却得不到相应的成果，其中原因我会在第十一章进行解读。

6.成为创建规模型企业的企业家

无论你是白手起家还是从企业离职下海创业，一般都先要经历"小而美"公司的阶段，赢利后将利润进行再投入，抓住市场机会不断积累和壮大，再逐渐发展为规模型企业。也有可能你在创业之初就得到了足够的投资，或者抓住了一个快速发展的市场机遇，直接创建一家规模型企业。作为一个创建规模型企业的企业家，你需要具备专业能力、销售和市场推广的能力、运营能力、资源协调的能力，以及战略规划和执行能力。将"小而美"的公司转化成为规模型企业，并非易事，原因我同样会在第十一章中详细讲述。

7.成为潇洒的商人，做小型贸易公司的老板，或者创建一家创新型交易公司

进入这个职场跑道的人通过常年的行业积累，通常具备很好的人脉，有着敏锐的商业嗅觉，反应迅速。他们能在价值链中拿到上游资源，或者和下游需求有特殊的关系；可以利用时间差、信息差来赚取差价；不需要对公司投入过多固定资产，

不用考虑研发等重头投入。

我之所以在定义商人和小型贸易公司时用了"潇洒"两个字，是因为我发现这是一条非常惬意的职场跑道：十几个人或几十个人的团队方便管理、效率高；不用在技术、管理上投入太多，甚至可以没有办公室；所有利润可以马上分配，不用考虑再投入；如果遇到问题，随时改行甚至关门都非常容易。

当然这可能只是看起来光鲜的一面，其实他们需要在人脉关系上花大量精力进行长期投入，否则上游资源很容易跨过他们直接对接自己的客户。另外，如果在业务判断上看走眼，他们也可能会赔一大笔钱，损失几年苦心经营的利润。

我会在第十一章和第十二章中描述相应的场景，帮助你充分理解和评估自己的心智方程，看自己是否适合做一个潇洒的商人。

以上七条职场跑道，如果你的选择更适合自己的心智方程，职业生涯就会更顺畅，成为坦途；如果你的选择与自己的心智方程不相符甚至背离，你的事业发展之路就会充满崎岖坎坷；如果无法正确认识自己的心智方程，频繁尝试和切换跑道，就会贻误时机，甚至误入歧途。

为何超级有潜力的人也会"自我迷失"

有这样一群人，根据PVS胜任模型中的心智方程判断，他们属于超级有潜力的类型，有的毕业于名牌大学，擅长和不同的人沟通，胸怀大志，也愿意投入时间和精力等学习新的技能，但他们职业生涯的终点却很平庸，我把这种现象叫作"自我迷失"（图 0-4）。通过近距离观察他们，我发现这种现象并非个案，主要存在以下几种情况：

图 0-4　自我迷失

第一种，心智方程和跑道选择错位。比如有的人认为自己适合做"一把手"，其实可能更适合做副总裁。我们一定要在职业发展早期确认自己的心智方程更适合哪条职场跑道，需要在哪些经验技能上进行投入。

第二种，总有新的想法，在几条职场跑道间不停切换，结果在哪条跑道上都没有产生足够的价值。每个人的精力都是有限的，心智方程相似的两个人，一个人将全部精力放在一条职场跑道上，另外一个人把精力分配到三条不同的职场跑道上，那么后者成功的概率可能就只有前者的三分之一。

第三种，人生是一场长跑，即使心智方程非常适合某一条职场跑道，过程也不可能一帆风顺，尤其是"一把手"和三条创业的跑道，存在很多变数、困难与艰辛和高度不确定性。

第四种，过早认为自己是"天选之才"，结果操之过急、过于自信，在他人取得先机时缺乏隐忍，对自己的选择产生质疑并出现摇摆。

每个人在职业发展道路上总有一些高光时刻，需要注意的是要避免让其成为一闪而过的"流星"。在这些年的人才咨询工作中，通过与一些成功人士探讨，我发现每个有潜力的人都有机会取得自己的职场成就，但需要坚持不懈，避免在选择某条职场跑道后停滞、倒退或者自我怀疑。

第一部分

认识你自己：个人心智方程

第一章

你手上有哪些牌

PVS 胜任模型的核心观点是，个人的独特潜力是一切选择的基础，我用心智方程代表个人（P）的部分，包括以下四个方面，如图 1-1 所示。

（1）智：基础的智商分布，包括逻辑推理、空间想象、记忆等天赋部分，也包括技能、经验、预测能力、洞察力等解决问题的能力。

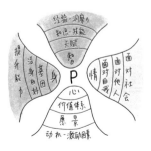

图 1-1　个人心智方程

（2）心：个人的价值体系，包括尽责性、志向、兴趣、愿景、使命感等。

（3）情：情商，包括如何处理情绪问题和压力，如何对待他人和团队，个人影响力，等等。其中，影响力是领导技能的核心。

（4）身：一个人的体能、精力和活力等。

我们要努力将这四个方面的潜力转化为能力，通过不断积累学习和训练来提升自我。

了解自己的心智方程很重要

2020 年，我为一家大型互联网公司做外部人才选拔咨询时，评估的是两位副总裁候选人：同龄的周总和卢总。

场景 1

周总擅长"刻意而仔细"地规划自己，大学选择了新兴的电信专业，期间苦读英语，毕业后进入跨国电信技术公司，相继在不同的大型外企任职，积累了丰富的从业经验。通过对行业的洞察，他判断电信行业的中国本土企业会快速崛起，于是迅速在华为找到工作并赶上了公司的快速增长期。在华为工作11年后，在40多岁时他又审时度势，认为一定要赶上互联网这班车，于是进入一家头部互联网企业。可惜，周总加入后不久，这家公司就因经营出现问题面临倒闭。

周总辗转询问了几家互联网公司后，想入职这家我所服务的顶级互联网大厂。他告诉我，每一次换工作，他都有很好的规划，但他的申请还是被总裁和人力资源副总裁一致否决了，原因是觉得他"经验太丰富"了，看上去没有缺点，但对互联网行业的洞察却远远落后于其他几个三十多岁的候选人。

后来我和周总成了熟人，之后他有几次成功应聘了小型创业公司的首席运营官甚至执行总裁的职位，但都在大半年以后被无情辞退或被委婉告知更适合做顾问。

周总之前几次换工作比较顺利，是因为都赶上了行业的上升期，公司业务是"风吹起来的"，他也"顺风飘起来了"。他习惯了在驾驶舱高高在上指挥，没有能力带领风浪中的小船披荆斩棘。有人把这种现象叫作"伪高管"。

卢总的经历与周总完全相反。

场景2

卢总很少做职业规划，更偏好"摸着石头过河"。他在25岁以前从事过很多不同的工作，高中时就在五星级酒店打杂，大学时利用假期打过不同短工，包括在火车站卸货、卖西瓜、在夜市摆摊儿等。卢总很感谢自己的运气，因为高考扩招，他赶上了高考这趟车，毕业后在国有企业成为生产车间的工程师。20世纪90年代中期，卢总下岗，在姐姐的劝导下留学去读了MBA（工商管理硕士）。毕业回国后，卢总加入了一家外资企业并赶上中国经济的快速发展期，开始了在规模型企业长期工作的阶段。10年时间，他从技术工程师、销售工程师、区域经理、大区经理做到中国区首席代表，经历了各个管理层级和晋升过程中的竞争，也体验过行业起起落落的不同阶段。

虽然身边同事进进出出，但卢总无论到哪个岗位都兢兢业业，从未有过"空窗期"。

卢总虽然和周总同龄，但精通管理的底层逻辑，他经历过各种管理培训和实践，以及复杂的管理场景，从管理代表处的几个人一直干到了管理几千人的团队，这种经历正是我所服务的这家互联网公司所需要的。卢总是企业需要的"真高管"，自然得到了公司重要的岗位。

通过场景 1 和场景 2 两个案例的对比，我们可以看出，卢总与周总在个人特质上存在明显区别。在 PVS 胜任模型中，我把这些归结到个人（P）的部分。我们要深入了解个人的潜力和特点，才能够找到最适合自己的职场跑道。

场景 3

有一次参观美国谷歌公司，一位中国小伙儿热情地接待了我们。他对谷歌公司的运作方式和独特的文化如数家珍，与参观者的沟通也非常好。开始我们都以为他是专业的接待员，后来才了解到他本来是一位通过十几次面试和测试才被录取的代码工程师，但在谷歌公司总部工作时，有几次被公司安排接待来自中国的参观者，突然发现自己在接待和讲解这方面很有天赋，客户反馈也非常好，所以顺利从代码工程师变成了谷歌公司最成功的专业中文讲解员。他本人也认为做讲解员很有成就感，反而觉得写代码非常枯燥。

从知识和技能的层面来评估，他完全可以胜任代码工程师的工作，但他真正的潜力在于成为一位专业技术型公司宣传部门的专家。当然，也许他的父母会认为做代码工程师才是"正业"，做宣传专家是"不务正业"。但是"行行出状元"，也可能谷歌公司正需要一位中文流利、能够提升公司整体形象的宣传专家呢。企业组织中，这个岗位被叫作对外沟通岗位（external communication）。假以时日，这位代码工程师成为谷歌公司公共关系或者政府关系事务部的总裁也未可知。

我们换一个场景，如果他很早就发现自己在人际沟通方面有天赋，大学选择的也是传媒相关专业，那他在毕业后可能会成为著名节目主持人、财经评论员，或者进入一家大公司的公共关系部门成为公共关系专家，或者进入专业公关公司成为顶级的咨询师，他还会忽略这方面的天赋去写计算机代码吗？

场景3中的小伙子能够进入谷歌公司是因为优秀的写计算机代码的能力，成为宣传专家是偶然，这一机会让他遇到了更符合自己心智方程的工作。这项工作要求把公司的文化特点、组织效率、战略愿景生动地呈现给访问者。对于他接待的对象而言，他是一位经验丰富的专业人士。比起代码工程师，"宣传专家"更符合他的心智方程。

或者说，他早期并不了解自己的天赋和价值体系，他可以成为优秀的代码工程师，但在传媒的岗位上可以走得更远。一生中，其实我们一直在不断认识自己的心智方程的路上，及早有正确的认知，才能在机会到来时更好地把握住。

给"能人"画像

在企业里，老板经常对人力资源部说的一句话是，"给我找个能人来"。这句话听起来很容易，执行起来却很难。怎样的人才能被定义为"能人"？我们能看到的"能人"，都是经过实践验证的，比如场景4中的李总。

场景4

李总大学毕业后进入公司工作，因为业务能力强，很快便得到晋升。公司业务发展非常快，李总在几次快速晋升后，开始负责一项综合业务，管理几十人的团队。后来的几次调动，李总分管不同的业务团队，在不同的行业景气周期（上升期、顶峰期、下降期）都有很好的表现。在主管业务发生变动时，李总了解业务情况后，总能很快就找到最现实可行的解决方案，并结合实际的资源情况进行投入，收获超出预期的绩效表现。他带过的团队，无论接手时情况怎么样，经过一段时间后，都能变得兵强马壮、人才涌现。李总能很快洞察到业务突破点，主动为上级分担，并提出切实可行的解决方案；很多和他平级的总监都愿意与他一起工作，认为和他共事是一件非常愉快的事情；在他的带领下，他的很多下属也成长得非常快。每次更换业务线时，他都会在原来的团队中找到称职的继任者，这些继任者也都能够按照他带团队的方法顺利过渡，保持稳定的绩效，不会因为换了人就出现问题。

李总这样的，我们叫作"能人"。我们讨论的重点在于什么样的人可以成长为"能人"，成为"能人"需要具备什么样的潜力。我把人的潜力分解成四个方面，也就是心智方程的四个方面构成，以下我先简单分析一下"智"的方面。

"智"：成功的下限

"智"代表的是个体解决事物性问题的智力因素、认知能力、知识技能、经验等的组合，即"智力—经验总结—解决问题的能力—洞察力"。这部分能力是最容易被他人看到和感受到的，我把它设为心智方程的上边（图1-2）。

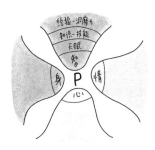

图1-2　心智方程中的"智"

我们通常说的"能力"，最基础的部分就是人的智力方面的因素。人通过认知能力学习知识和技能，通过实践获得经验。比如场景4中的李总，他在业务岗位上和同事有同样的起点，但业绩可以很快超越同事，这就说明他有较强的解决问题的能力。

那么，支撑能力的基础是什么？与解决问题的能力最相关的是智商（IQ）。智商即智力商数，智力是个体认知数字、逻辑、空间等的能力，包括理解、判断、解决问题、抽象思维、表达观点及使用语言和学习的能力。这部分能力是人的基础认知能力，也是天赋部分。

人生是一个不断认知事物、解决问题的过程。我们在学校将大量时间投入到学习知识和技能上，参加工作后则是在"干中学"，积累经验。这样，遇到实际问题，我们就能以积累的知识和经验为基础，结合新的场景去解决。

我会在第二章对"智"的部分进行详细阐述。关于"智"，大家可以先思考以下几个问题：

（1）你是否知道自己有哪些天赋？分别有哪些优势和局限？

（2）你对数字、图形、颜色、逻辑、文字等的认知能力，和同龄人相比处在什么水平？

（3）你是否总能关注到事物表象之下的底层逻辑？

（4）你是否经常总结做事的方法，使其成为可以复制的技能或者经验？

（5）以上哪些容易被 AI 替代？

（6）既然计算器可以替代人工算数，为什么小学还要练习解答算术题？

"心"：成功的上限

就生命的全程来看，以社会各个方面的成功标准进行衡量，高智商人群和智商一般的人所取得的成就并没有很大的差异。造成这一现象的原因是，每个个体都有不同的动机、价值体系、使命愿景，这也就是心智方程中"心"的部分。

"心"包括每个人的价值观、人生观、世界观，即我们常说的"三观"。在心智方程中，它是一个最重要的方面，构成心智方程的底边（图1-3）。

图1-3 心智方程中的"心"

"心"是心智方程的核心，是个体行为的动力来源。"心"决定了人生的高度。这个我会在第三章详细阐述。

在大量高级管理者的选拔面试中，作为评估专家，我经常问的一个问题是："你的人生目标是什么?"

场景5

在一家大型企业集团选拔二级公司副总裁的现场，我作为专家也问了这个问题，候选人的回答如下。

甲候选人："人生目标? 这个没有特别想过，就是能把工作干好，承担家庭责任，把孩子带好，自己有些兴趣爱好，多了解世界，多看看世界。"

乙候选人："人生在世，就是要取得各个方面的平衡，有相应的名誉、一定的财富，活得要比别人精彩些。"

丙候选人："这个我很早就想清楚了，人生短暂，要看自己能给别人和社会带来什么样的价值。"

这个问题看似简单，但绝大多数被问到的人都无法马上给出答案，即使给了答案，他们经常说的也都是一些具体的目标，人生目标这个立足长远的问题很多人都没有认真思考过。只有少数人的答案我觉得可以打满分："我希望能给这个社会带来价值。"

之所以问这个问题，我是希望知道一个人为什么而活，他的人生是否有清晰的愿景，是什么激励他活下去，以及他的梦想是什么。这样看来，场景5中甲、乙、丙三位候选人，丙的答案更贴近我的标准答案，甲的答案突出了自己的需求和价值，乙的答案更注重"功名利禄"。

我发现，生活中大家似乎很少交流"心"相关的问题，在我们的成长过程中，"智"的方面总是会得到更多关注。很多家长最关心的就是孩子的学习成绩等代表知识、经验和技能的方面，很少跟孩子沟通生命的意义这样的话题。

在"心"的部分，我邀请你思考以下5个问题：

（1）志向或愿景是天生的吗？如果不是，那是什么时候形成的？

（2）你有什么志向？你的使命是什么？

（3）哪些志向是你在个人事业发展中更为关注的？

（4）志向可以培养和塑造吗？

（5）如何激发他人的志向？

"情"：成功的中线

人际交往的基础是人的情商，也就是心智方程的"情"，是右边的支柱（图1-4）。场景4中的李总之所以能够和他人很快建立协作和信任关系，就是因为他的"情"的方面能力非常强。

"情"由三个方面构成：个体如何对待自己的情绪，包括情绪调节和压力管理等；个体如何对待他人，如何进行人际交往；个体如何影响周围的人和环境。

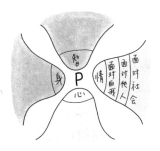

图1-4　心智方程中的"情"

比如，你的情绪是怎样的，很容易焦虑或者担忧，还是能保持沉稳乐观？你如何对待别人，能和别人共情，还是常常忽略他人的感受？你如何影响他人，是希望能够影响整个团队，还是保持低调默默躲在后面？

这里有一个典型案例。

场景6

2017年，一家研究所引进了一位重要的科学家王博士，但王博士无法和团队一起工作，所长找到我，希望我能辅导一下王博士。王博士15岁时就考到了著名大学的少年班，17岁出国继续深造，40岁左右成为所在领域的世界顶级专家。能够在当时被重点大学的少年班录取，王博士心智方程"智"的方面远远超过大多数人。

王博士胸怀大志，希望改变世界，用自己的毕生所学，以及积累的专业能力，解决地球上数十亿人面临的能源问题。这是王博士心智方程"心"的部分。

王博士的学习和工作习惯也非常让人羡慕，他非常自律，12岁时就养成的作息习惯一直坚持未改：早晨6:30起床，用最快的速度在操场快跑5圈，基本风雨无阻；每天工作15个小时。这说明王博士"身"的部分也很好。

我意识到王博士是一个"超人"，心智方程中"身""心""智"三个方面都是万里挑一：拥有超高智商及能力，胸怀大志，还有那么好的身体素质。

同时，我也明白了这位所长所面临的局面。王博士这种"超人"为什么难以与"普通人"一起工作？我想，他可能缺少人际沟通、团结协作这方面的能力，也就是心智方程中"情"的方面的能力。

我成了王博士的教练，来辅导他成为一个"领导者"。我和王博士进行了多次交流，王博士首先意识到所长是位伯乐，这些年所长去国外参加学术会议或交流活动，每次与王博士见面都会与他交流，希望他回国发展，并向他展示国内目前科研环境的优势。另外，王博士还意识到所长领导了整个复杂的项目，包括：

（1）申请资金和土地，新建科研大楼；

（2）为了项目成功，调动各种资源备齐了王博士需要的设备；

（3）围绕王博士的项目，组建团队；

（4）营造良好团队气氛。

经过几次沟通，王博士充分认识到什么是领导力，并且在工作中开始重视和同事的协作和沟通。

我帮助王博士解决的问题，就是"心智方程"中"情"的部分，通过加强王博士"情"的方面的技能来提升他的领导能力。

"情"是我们人际关系能力的重要方面，往大了说是我们经常提到的领导力，往小了说就是我们如何面对压力和自己的情绪状态，它会影响我们和他人日常沟通的效率。情商也是领导力这一软技能的基础。

"身"：成功的支柱

心智方程的左边是"身"，我把它定义为每个人的身体情况（图1-5）。比如有的人具备良好的身体素质，精力充沛，活力四射。

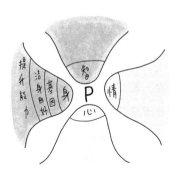

图1-5 心智方程中的"身"

基辛格95岁还能够坐十几个小时的飞机到中国演讲；巴菲特90岁还在股东大会上慷慨陈词3个小时；任正非70多岁依然活跃，一年接受数十次记者采访，面对刁钻古怪的问题，给出缜密的回复；钟南山院士80多岁还要一周去4次健身房。再看看现实生活中，有的人70岁就显得老态龙钟，甚至开始丧失基本的认知能力，行动不便，疾病缠身。除了基因的影响，他们和这些高龄但还很活跃的人的区别在哪儿？

遗传基因和儿童时期的生活习惯，决定了我们身体素质的底子。有的人基因强大，天生身体素质很好，但不"洁身自好"，暴饮暴食，睡眠无规律，抽烟酗酒，等等，年纪不大却可能已经一身病。有的人可能天生身体不怎么好，但通过不断锻炼，增强了体质。你是哪一种？

我会在第五章详细讨论"身"相关的内容。

你在心智方程的哪个层级

心智方程的四个方面，每个方面都包括三个层级。

"智"

基础层：就是智商，我们俗称的天赋。为什么叫作天赋呢？因为它是认知能力中的"先天因素"。

中间层：信息、知识、技能的积累和训练。天赋再高，如果没有知识和技能将天赋转化为对知识灵活的运用、思考、归纳和总结，进而通过训练升华到娴熟的层面，也是空有天赋。莫扎特是天才，但如果不掌握乐谱知识，不能通过训练掌握复杂的指法，不断将自己的思想和感受转化为作品，也无法成为钢琴作曲大师。

最高层：一些人的底层认知能力即智商只是处于平均值以上，足够聪明却未必是那 1% 的天才，但他们有很强的好奇心和尽责性，具备探索精神，会不断积累知识并探寻知识的底层逻辑。他们擅长归纳总结，并不断结合实践，从失败中总结经验，不断验证自己的想法，对新出现的情况作出判断，从而精准预测未来。他们所拥有的也就是我们常说的洞察力。"智"的最高层，也就是商业环境下经常提到的战略思考能力或者商业洞察力。

需要注意的是，AI 会逐渐替代很多需要动脑的工作，但如果你能达到"智"的最高层，相信你永远不会被替代。

"心"

基础层：神经体系活跃程度和不同激素的内分泌状况，涉及动力和动机。

中间层：价值体系产生的责任感。比如，妈妈要对孩子的成长负责任，小组长要为团队绩效负责，等等。

最高层：梦想、愿景、使命，即由价值体系产生的兴趣、激励因素。激励因素又分为内部激励因素和外部激励因素。内部激励因素来自自身，外部激励因素则来自外部的要求。

"情"

基础层：对自己的情绪有认知和管控能力。能够准确感知自己的幸福、快乐和悲伤；能够调节和控制自己的情绪，在情绪不佳时，尽量避免被负面情绪所影响。

中间层：能正确感知周围人的喜怒哀乐。能够理解周围的人在不同场景中的反应，知道他们面对同一件事情有不同的情绪和想法。经常能够换位思考，耐心倾听，具备强大的同理心。

最高层：能够主动改善团队的情绪，掌控团队的情绪波动，甚至能够通过沟通、社交快速建立关系。知道如何融入一个陌生的场合，甚至可以通过媒体影响更广泛的大众和不同阶层的人。我见过的一些天生的团队领导者或者演讲者，他们可以让人兴奋、激动或悲伤，有极大的影响力。

"身"

基础层：基因，它决定了我们是否有一个好的身体基础。

中间层：锻炼身体，不会将自己置于透支身体的境地。

最高层：懂得"身体是革命的本钱"，会主动提升身体的素质。我接触的很多强者或者高潜力人才，他们都会不断提升自己的身体能力，以应对高负荷、高强度的工作。

心智方程与关键事件

场景7

我和张博士是同龄人，他是我见过的牛人之一，考取了协和医科大学的临床医学博士。青少年时期父母让他选择从医，但他很快发现自己的性格可能不适合做医生，自己似乎对商业更敏感和感兴趣，那么张博士怎么转到商业相关的领域呢？我们先看看张博士的心智方程。

"心"的方面：他从不把高收入当成重要的目标，30岁前一直在学校度过，没有着急出来赚钱。他坚持自己的梦想，并持续在专业上投入，把一切精力都放在医疗健康相关领域。

"智"的方面：他足够聪明，很容易通过各种考试，于是又考取了哈佛大学的医学管理博士，在33岁前拿到了两个博士学位。

"情"的方面：他为人热情，与同学和朋友的关系都特别好，总是很乐观，经常都是精神饱满的状态。

那么他可以选择什么样的工作呢？当时，顶级商学院对拥有优秀教育背景的人是非常有吸引力的，因为可以以"老师"的身份接触到各种企业家，收入也非常高，于是张博士进入商学院成了张教授。

另外，张博士也保证了自己对工作价值（V）的聚焦，即"商业＋医疗"，这也是他重要的"技能＋经验"的体现。

在做了十多年商学院的教授之后，张博士终于迎来了一个重要的机会——中国一家顶级药企需要一位首席战略官，他找到了适合自己的PVS胜任模型又能最大限度产生价值（V）的岗位。作为首席战略官，张博士和企业创始人及各个高管进行思维碰撞，理解企业的实战场景，也洞察了研发、运营、财务、组织、人才等各个方面的实践场景（大幅提升各种技能），最终成为一个大型集团医疗板块的总裁。

心智方程四个方面的基础层，构成了我们潜在的特质。任何一个方面有欠缺，都无法在适合自己的职场跑道取得成功和非凡的成就。这四个方面看似独立，其实紧密相关。我们需要不断激发自身的潜力，通过技能学习，进而从内在潜力层到达外显的能力层，如图1-6所示。

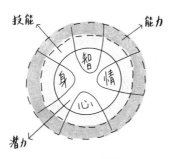

图 1-6　潜力层和能力层

前面几个场景中的案例大部分都与公司组织对高级管理者的要求有关。我曾在一家大型互联网公司的高级管理者选拔项目中设计了考察个人心智方程的方案，其中有一部分需要三天两夜的时间才能完成。

场景 8

在与候选者讨论工作和任务的过程中，我一直在考察他们的心智方程。

"智"的方面：观察候选者的大脑反应速度，看候选者是不是能够灵活运用自己积累的知识体系？能否快速捕捉别人提供的信息，并快速加工这些信息进而得出新的结论？

"心"的方面：观察候选者在面临复杂任务时，会不会选择走"捷径"——这些捷径虽然有效但会破坏商业道德底线。比如，有的人通过商业贿赂快速拿到竞争对手的信息或内部消息。有的人可能很"聪明"，很快就会发现这些"捷径"，明显会在"心"的方面丢分。另外，我还考察候选者对激励的偏好，比如一些工作没有明确的奖励，一些工作有明确的奖励，如果候选者在有明确奖励的事情中投入更多，就是对外部激励更有兴趣。

"情"的方面：有的候选者擅长和不同的人合作，有的候选者在面对压力或突发事件时能做到镇定自若。到第三天，在已经很疲劳的状态下，有的候选者还能做到关注别人，争取和别人一起完成任务，做到团结共赢；有的候选者却成了四处发牢骚、与别人争吵的"怨妇"。

"身"的方面：三天两夜中，候选者每天只能睡4~5个小时。有些人在第一天和第二天表现都很好，到了第三天，大脑的反应速度变慢，记忆力下降，逻辑思维变差，开始觉得这个选拔毫无意义，进而失去斗志，对完成目标也变得不太上心。但也有一些候选者在极度疲劳的状态下，依然耳聪目明，大脑反应敏捷，为了完成目标，总有源源不断的动力支撑着他们，第三天的表现和前两天的表现相差不大。他们体能强大，对每一件事情都能竭尽全力。

通过场景8，我们可以看到不同的人都处在心智方程四个方面的不同层级，它们决定了我们的 PVS 胜任模型，哪条跑道更适合，以及在哪条跑道上更容易成功。

场景 9

《伯纳德行动》是我最爱看的电影之一。

电影的男主角是一个善于制造伪钞的犹太人，以伪造证件为生。他在被德国纳粹关到集中营后，被迫参与了英镑和美元的伪钞秘密项目"伯纳德行动"。这个过程中，他既要保证自己能生存下来，又要尽量去拖延纳粹的任务，同时还要保护周围的人。他与纳粹斗智斗勇，在集中营中成为领袖，让很多人活了下来。

场景 8 和场景 9 都涉及"关键事件"。"关键事件"是指，在实际工作中遇到非常具有挑战性的场景或者业务时，有些人通过自己的卓越表现出色完成任务或成功化解危机。例如，有一次，我所在的公司因为战略调整，忽略了一项传统业务，导致这项业务很快出现下滑，对公司在亚太地区的销售产生负面影响。公司亚太区的总裁找到我，希望我能够改变业务下滑的趋势。接到任务后，我根据多年来对此项业务的洞察，仅用了半年时间就扭转了业务下滑的趋势，使这项业务重新回到平稳的状态。类似的场景还有：

- 开拓一项全新的业务。
- 在一场复杂的商业谈判中，一个人力挽狂澜。
- 接手一个士气低落的团队，经过一段时间，团队变得士气高涨。
- 华为手机芯片的突破。

在人才测评项目中，我更看重通过关键事件找到那些"领导者"和"能人"。关键事件就是让那些有积累的高潜力人才涌现的机会。

前文提到所有老板都想找到"能人"，而"能人"无非是心智方程智、心、情、身四个方面都很强大的人。我会在第二章详细阐述"智"的部分。

第二章

"智"：能力与刻意练习

认知决定了事业的高度，人生就是不断提升认知的过程。

　　智力和知识技能，即心智方程中的"智"往往决定了我们在不同职场跑道成功的下限。每条职场跑道对"智"的要求都不一样，以下我就"智"的概念展开充分阐述。

流体智力与晶体智力

我们可以通过钻石来理解"智"的概念。钻石是一种矿石，其成色分不同等级，"智"也可以分为不同层级，前文我们把"智"分成了三个层级，分别是基础层、中间层和最高层。成色好的钻石需要工匠的精心打磨，"智"也一样，需要经过刻意练习，才能转化为能力。在我的领导力研究中，解决问题的技能和经验、洞察力等，都用"能力"这个词来表达。

我最喜欢用卡特尔先生（Raymond Bernard Cattell，1905—1998）的智力原理来澄清有关智力的概念。他把智力分成了流体智力（fluid intelligence）和晶体智力（crystalized intelligence），认为两者之间存在显著的差异。"晶体"和"流体"是类比物质的状态，流体可以以任何形状出现和存在，而晶体则是固态的。流体智力是指迅速加工信息及处理新问题的能力，主要指向处理新的复杂问题。晶体智力是使用先前学习的信息和技能来解决相似问题的能力，主要指向解决工作、生活中的具体问题。

流体智力直接与基因相关，基本不受后天教育的影响，它是个体通过遗传获得的学习新知识和解决新问题的能力，即智力方面的天赋部分。例如，快速记忆能力、思维的敏捷性、反应速度、知觉的整合能力等。这种智力几乎可以转换到一切对智力有要求的活动中，所以被称为流体智力。流体智力基本就是科学严谨定义的"智商"，可以被精确测量。流体智力是个体最基础的潜力，因此，早期对儿童智力的开发就变得非常重要，需要把智力因素转化为能力。比如孩子记忆力非常好，但也需要通过多背诵，才能转化为出口成章的能力。

基因的影响非常复杂，即使父母的智商都比较高，也未必一定会生出高智商的孩子。同样，即使父母智商平常，也可能会生出非常聪明的孩子。这里不深入探讨，感兴趣的读者可以看一些认知心理学和脑科学的相关书籍，关于智商的研究还是很有意思的。

晶体智力也受先天因素影响，但后天积累更为重要。这种智力表现为"经验日积月累的结晶"，例如，语言文字、判断等方面的能力，就与知识文化和经验的积累有直接关系。

有一种观点认为，个体98%的智力因素都是在10岁左右形成的。根据组织学和神经解剖学研究成果，儿童大脑前额叶皮层的发育时间特别长，直至青春期中后期才接近成熟，达到与成年人类似的阶段，如图2-1所示。

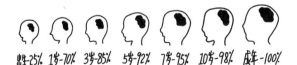

图 2-1　大脑发育过程

基于流体智力的晶体智力是个体解决问题的基础。人通过不断积累信息和知识，形成技能或判断能力、洞察力这些晶体智力（经验），进而形成在各种场景中解决问题的能力。

流体智力、晶体智力和年龄的关系如图 2-2 所示。

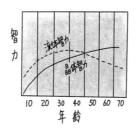

图 2-2　流体智力、晶体智力和年龄的关系

根据统计，人的流体智力变化曲线会随年龄增长呈现出类似抛物线的形状，20 至 30 岁达到顶峰，之后逐渐下降。这属于生理现象，和生老病死是一样的。我在人才测评项目中，会使用托马斯国际的 TST（Training & Selection Test，为选拔和培训员工的测试）或 GIA（General Intelligence Assessment，智力测试）对流体智力进行评估，主要是看个体对文字的知觉速度（perceptual speed）、逻辑推理能力（reasoning）、数字运算能力（number speed & accuracy）、工作记忆能力（working memory）、空间想象能力（spatial visualisation）等。

场景 10 中的例子可以帮助你更好理解流体智力和晶体智力。

场景 10

王同学和陆同学是我的中学同学，王同学属于超级聪明的人。他第一次接触魔方，就可以很快复原六个面，学什么都很快。与王同学相比，陆同学第一次玩魔方要用很长时间才能复原一面，但他会不断总结规律，把一些技巧记录下来，甚至总结了魔方攻略。这个攻略慢慢在同学中传播开来，很多人都可以按照他的攻略学会玩魔方。同样，学习围棋的时候，王同学很快就达到了很高的水平，人送外号"王八段"；陆同学则入门很慢，但投入了大量的时间去思考，并且在实践中寻找规律，一年后，陆同学慢慢赶了上来，并且棋艺超过了"王八段"。

通过场景 10 的案例，我们可以看出，排除性格、动机等因素，王同学的流体智力很高，而陆同学的晶体智力则非常好。

能力的必要条件和充分条件

对于能力而言，流体智力是必要条件，晶体智力是充分条件。

工作场景下，智力水平与工作绩效最密切相关。只要具备中等水平以上的流体智力，也就是足够聪明，就可以满足大部分工作岗位的要求。晶体智力则决定了我们在职业发展中能否取得成功，对于企业的战略型高级领导者尤其如此。

晶体智力虽然可以终生提升，但又有两个发展方向。一个方向是，有些人终生不断积累和思考，晶体智力不断上升，对事物具有较强的洞察能力，能够发现事物的底层逻辑，甚至可以预测未来，这就是我们经常提到的战略思维和商业洞察力。另一个方向是，有些人的晶体智力相对于环境的变化增长缓慢，这些人更习惯于重复过去的经验，变得固执，故步自封，不愿意接受新的信息和知识，习惯用旧的经验技能来解决问题。

通过观察，我发现，大多数人在到达一定年龄之后，晶体智力相对知识迭代和环境变化的速度，都是趋于下降的（图2-3）。在公司组织中，80%以上超过35岁的管理者都存在业务上过度依赖过去的经验，不喜欢创新和变化的情况；90%以上超过45岁的管理者都会出现这种情况。

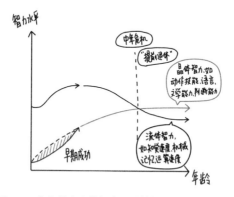

图 2-3　大多数人流体智力、晶体智力与年龄的关系

随着年龄增长，虽然流体智力的下降无法避免，有一小部分人对新知识的好奇心和投入度，解决问题的能力、创新能力、洞察力等方面却不断提升（图2-4）。比如高龄的院士、优秀的企业家等。他们共同的特点是随着年龄的增长，可以引领自己所在领域的发展。一些企业的高潜力管理者选拔项目，就是为了发现和提拔这样的人，为企业的未来储备人才。为什么这些人的晶体智力会不断提升呢？除了与好奇心、责任心有关，主要是和心智方程"心"的部分直接相关，个体的价值体系、社会责任、激励因素、愿景都会影响自身的晶体智力水平。

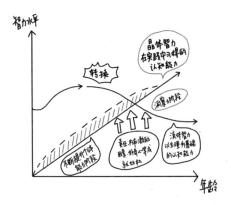

图 2-4　少数人流体智力、晶体智力与年龄的关系

我的学生时代，某些学科的学习经历现在想来就像一场噩梦。工作后我才认识到自己在流体智力上有一些短板，比如我的"工作记忆"只有26%（注：这里的百分数指的是在人群中的成绩，26%

指的是超过了 26% 的人），"数字运算和准确度"只有 18%，但是"逻辑推理"却高达 98%，"空间想象"能力为 99%，如图 2-5 所示。

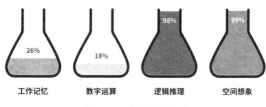

图 2-5 我的流体智力

小学语文中，背诵古文是最基础的练习。例如"一行白鹭上青天"这句诗，记住它对我来说很难，默写的时候我可能会写成"一行白鹭冲天飞"，但我可以比较快地理解它的意思。政治、地理、英语这几科，我也都有类似的问题，都无法做到按照标准答案一字不差地默写出来。

大学时我们有一门机械制图课，就像在中学时学习立体几何一样，这门课程我似乎天生就会。我印象最深的就是班里的学霸，他的理论力学、高等数学可以轻轻松松拿到高分，但机械制图课却经常不及格，我们的区别就在于流体智力中"空间想象能力"的不同。

我思考了很多智力因素方面的问题，得出一个结论：在企业场景下，除了研发或者一些对智商有特殊要求的岗位，个体的流体智力只要高于平均值，人与人之间的差异就不会特别明显，"智商决定的是一个人成功的下限"。

关于"聪明反被聪明误"

为什么一些流体智力非常好的人反而没有更加成功呢？超高智商（流体智力）的人多会面临三个问题。

第一个问题，学习新知识、新技能的速度快是好事，但他们缺乏追根究底、持续钻研的耐力。在企业实践中，我也看到很多高智商的经理人，掌握知识和技能的速度非常快，却往往缺乏耐心，不愿意沉下心通过实践去总结经验，研究其中的逻辑，导致对很多事情"知其然不知其所以然"，反而验证了那句老话："聪明反被聪明误"。

第二个问题，流体智力水平高的人在团队协作过程中，并不了解自己是由于智力原因才比别人做得好。场景 11 可以帮助大家更好理解这一点。

场景 11

有一次我作为商业教练参加了一家企业的高管会议，这家企业的创始人兼总裁超级聪明，他接过运营副总裁提交的月度运营报告，很快就在几个数据间建立了因果关系，捕捉到核心问题。他开始直接说自己的结论，指出哪里出现了问题，应该如何整改，然后让首席财务官拿个解决方案，首席财务官此时还是一头雾水，这让他非常不耐烦和失望。他没有意识到管理团队的成员并没有跟上他的节奏，于是就会觉得其他人不配合、不用心，不理解为什么这么简单的问题他们都看不懂。其实并不是别人不认真或者没有去思考，而是他的脑子转得太快了。我作为商业教练，赶紧在一旁告诉他，我没听明白他为什么有这样的结论，能否请他在白板上画一下决策的思维导图。总裁画完并且解释了数据之间的关系和自己的推断，大家才真正明白他的决策逻辑，首席财务官也找到了更好的解决方案。

后来，我对总裁的流体智力进行了测试，确实，他就是水平达到99%的那种人。我告诉他，正常人的流体智力中位数是50%。这时，他才理解不是别人不用心，而是他与管理团队的智商水平差异造成的。

所以，职场中有一个不成文的规则：不要跟超级聪明的老板一起干。

第三个问题，高智商的人在情商的发展上，可能会受到负面影响。他们擅长自己解决一切问题，就会更喜欢亲力亲为，反而忽略了调动别人一起解决问题的能力，久而久之，就会变得缺乏与他人协作的能力和与人沟通的技巧，更擅长单打独斗。

我经常遇到很多非常聪明的人，在需要与团队协作完成任务的情况下，无法成为团队中的合作者，很容易抱怨其他团队成员。所以，太聪明的人很容易成为"独行侠"。

场景 12

　　小明流体智力中的空间想象能力非常好，方位感非常强，他超级喜欢地理课，也非常善于看地图，很少迷路。而小明的女朋友这个方面的能力很差，基本上是路痴。有一次他们一起去上海出差，傍晚约好一起去外滩看夜景。小明看了看地图就知道大概的路线了，但毕竟人生地不熟，两个人走着走着还是迷了路。于是，小明在一个路口打开地图研究怎么走，女友等得不耐烦了，就观察了一下街上的行人，并很快走向一位看上去很慈祥的老先生，笑着问道："您好，我们从北京刚到上海，您知道外滩怎么走吗？"

　　老先生看了看她，说道："前面的路口小拐（右拐），再走过两个红绿灯路口，在第三个红绿灯路口大拐（左拐），看到南京东路再小拐，沿着南京东路一直走，你就可以看到外滩了。"女友在老先生指路的过程中，一直保持着谦和的微笑，并且频频点头，眼睛真诚地看着老先生。

　　小明选择研究地图，是因为他擅长用自己的智力解决问题，问路对他来说是一种"耻辱"，这也导致他放弃了向陌生人问路，反而逐渐失去了向他人求助的能力。

　　而小明女友从小就养成了找别人帮忙的习惯，她在问路前会观察人们的神态，判断谁可能会愿意给自己指路。这些都涉及"情"的方面，我们放在第四章详细阐述。

对于场景 12，我的结论是，如果你在青少年时期智力因素比较好，习惯了自己解决问题，就很可能忽略与他人和团队沟通协作的能力，这就是我常说的智商太高有时会影响情商的发展。

能力的不同层级

能力也可以分为不同层级，主要包括基础层、中间层和最高层。

1. 基础层

即认知能力中智力的部分。其中流体智力（智商）主要由基因决定，是能力的基础。流体智力决定了个体如何捕捉信息、加工信息，以及能否较快地将信息转化成知识和技能。每个人都有独特的智力分布的特征，所以要了解自己的智力分布更适合哪条职场跑道。

2. 中间层

以流体智力为基础，利用晶体智力总结规律、流程和可实施的方法。在工作场景中体现为快速掌握标准化的工作方法，总结归纳为经验并转化为解决实际工作任务的能力。

3. 最高层

以流体智力和晶体智力为基础，通过不断实践，发现事物背后的结构和规律，即洞察力。洞察力是指深入事物或问题的能力，是个体通过表面现象精确判断背后本质的能力。商业世界对高级管理者这方面的要求，也叫战略思维能力（strategic thinking）。如果加入一些新的因素，甚至会孕育出创新。

场景 13

舒马赫在方程式赛车上具有天赋。他 4 岁左右开始玩卡丁车，20 岁进入 F3（三级方程式赛车）的比赛，22 岁有机会参加 F1 比赛。别人需要练习 1000 次的动作，舒马赫只需要练习 50 次就可以掌握。赛车手需要深刻理解赛车的结构和性能，比如刹车、发动机的工作功率曲线、车重的分配、轮胎的摩擦力在不同天气和赛道的表现等，做到人车合一。同时，赛车手还需要通过比赛把握各个赛道的特点、每个弯道的情况、雨天的气温和环境等，将其转化为经验，并不断调整自己和总结归纳。赛车场上，情况千变万化，对手的战术会如何干扰你等，这些也需要大量经验的积累。正是这些经验积累形成的能力，使得运动员在比赛中可以预判各种情况，也使舒马赫的天赋转化为成为世界冠军的能力。

经验是在技能的基础上不断去发现底层逻辑，进而转变为对规律的掌握。职场的大部分工作岗位都对经验有要求，这种经验保证了我们在工作时能够不断提升效率。比如，中国古代匠人烧制瓷器，总是通过不断做重复性的工作去寻找最佳方案。经验丰富的师傅通过观察火焰，就知道烧结温度和颜色变化的关系，知道什么料会发生什么颜色的反应。

再看一下经验和洞察力的关系。在工作中，经验告诉我们如何做才能既出色完成任务，又可以减少失误。流体智力保证我们接收新信息，并将其补充到已有的经验体系中。以经验为基础可以培养洞察力，预测事物的变化和趋势，进行创新。洞察力和创新能帮助我们预测未来。

从"技能—经验—洞察力"的角度看，滑雪运动员、企业家、赛车手和技术专家，本质上都一样。例如，滑雪运动员掌握了具体的动作和技能后，在不同赛道上的经验能让他们灵活发挥自己的技术，并通过对自己的体力、场地情况、竞争对手的了解来洞察和预判。场景13中的舒马赫也一样。

场景14

我曾经在一家德国工厂短暂工作过。在一些工资水平较高的国家，很多技术工人常年在类似的岗位上工作，技能纯熟，经验丰富，各个岗位间的协作也超级默契。

坦　途——职业生涯如何少走弯路

但我也发现了问题：很多明显可以创新的地方，他们却视而不见。在我提出可以改进生产流程和工艺后，他们虽然也认为很有道理，但似乎并不愿意采取行动去改进。

"我们这个流程已经十多年了。"

"我从来没有想过这么修改，虽然这可能会节约一些费用，但我不知道这个变化会不会有潜在的风险。"

当我负责工厂在中国的投产和爬坡时，直接引入了德国的生产设备和生产方法，工厂的技术人员专注于研究如何在德国工厂的基础上提高效率，他们将德国的成熟流程进行拆解总结，理解其底层逻辑，再结合实际的操作经验，不断改进，加上新的工艺方法，最终发现了更灵活的生产方式，让工厂变得更有效率。这就是不断运用晶体智力，提高洞察力的过程。

场景 14 也让我想起我所居住的小区的甲、乙、丙三个只有小学文化水平的保洁员的案例。

场景 15

保洁工作对智力的要求不高，经过一些培训就可以上岗。保洁员甲中规中矩，她会按时按照规定，用一个看起来不那么聪明的流程逐级打扫台阶，动作标准且熟练，不用动脑筋。甲的工作质量没有问题，但经常因为楼梯有人走过会留下脚印，需要再单独把脚印清除掉。这个工作通常早上7：30开始，基本在8：15完成。

保洁员乙的工作方式开始时和甲一样，后来进行了修正。她第一遍先从一层干到顶层，第二遍从顶层开始向下干到一层。乙比甲省力很多，而且大大减少了路过的人留下脚印的概率。乙同样是早上7：30开始工作，8：00左右就可以完成。在完成工作的基础上，乙不断总结和调整，总是在寻找最佳方案以提高效率。

保洁员丙初期和甲的方式一样，后来换成了乙的方式。很快，她就认识到乙的方式也有提升的空间，于是进行了创新。她会在早上7：30从顶层到一层先打扫一遍，这时候早上会有很多人上班，并顺便带出家里的垃圾，而垃圾可能会弄脏刚刚打扫干净的楼梯，于是她就告诉居民可以把垃圾留在门口，她会帮助大家分类放到垃圾桶，这很快得到了居民的响应，大家都自觉地把垃圾留在门口。她会在打扫的中间时间去处理垃圾，把可以回收的废品留下，同时小心地把垃圾分类处理好，也由此与很多住户建立了良好的关系，有的住户甚至会主动把纸盒、报纸等可回收的物品单独留给丙。

过了10年左右，甲还是保洁员，乙成了领班经理，而丙和丈夫一起在小区外建了一个废品回收站，成立了一家拥有十几名员工的废品回收公司，垄断了我们小区的废品回收业务，后来还在我们小区买了房子。

在场景 15 中，保洁员丙所表现出来的能力就是前面提到的智力的最高层：不断总结经验，加入新的因素，通过分析和思考，进行创新；重视发现底层逻辑，并去实践。我在企业咨询的工作中也发现，背景和智商差不多的人，同一年加入公司，工作 10 年后，他们之间可能会产生巨大的差异。

场景 16

巴菲特已经 90 多岁了，随着年龄的增长，他的流体智力可能已经下降了很多，但晶体智力、经验总结和商业洞察力还在不断"结晶"，甚至还有很多新的想法，总是想在别人的前边。他在 2008 年以每股 8 港币的价格买入比亚迪的股票，2009 年，股票涨了 10 倍，达到每股 85 港币，但随后又跌到了 12 港币。在过去的 10 多年中，股价高高低低不停变化，巴菲特一直持有比亚迪的股票，2020 年底比亚迪的股票已经涨到每股 250 港币以上，巴菲特可以收获 30 倍的收益。

巴菲特深耕投资领域，经历了几场大的股灾和行业的兴衰变化，积累了大量的经验。他不断总结归纳，发现规律，形成了商业洞察力，从而做到在投资领域可以准确判断，甚至未卜先知。

通过场景16巴菲特的案例，我们可以理解一些高龄人士，虽然生理因素导致的天赋部分的智力下降非常严重，但他们可以不断积累经验，形成未卜先知的洞察力。高级岗位经常要求通过经验和洞察力着眼未来作出战略决策，拥有这种能力即使年纪偏大一样可以在高级岗位取得成功。

关于本章内容，总结如下：

（1）流体智力主要受基因影响，但即使天资聪颖，流体智力水平很高，如果不能将天赋转化为能力，也无法体现自身价值，提高解决问题的能力。

（2）天赋过高、个人能力非常强的个体，在公司组织中有可能会忽略团队协作方面能力的培养与提升，出现和其他人协作不佳的情况。

（3）流体智力是基础和必要条件，是成功的下限；晶体智力，也就是经验总结能力和洞察力，决定了我们成功的上限。能够突破上限的人，永远是凤毛麟角。

那又是什么决定了晶体智力和洞察力呢？场景15中的三个

保洁员为什么会产生这么大的差异？场景10中，陆同学的智力潜力低于王同学，为什么经过一段时间，在围棋上的成绩反而远远超过了王同学呢？

这些问题的答案，和心智方程最关键的底边因素"心"密切相关，我会在第三章展开讨论。

第三章

"心"：初心与使命

心想事才能成。

上一章提到，同样是高智商的人，在现实职场中的表现差异巨大。智商决定了成功的下限，心智方程"心"的方面则决定了成功的上限。只有拥有一颗做大事的"心"，才能发挥"智"的全部潜力，完成心智转换。

"心"是心智方程最核心的部分，在 PVS 胜任模型中甚至直接决定了我们如何选择职场跑道，能否到达事业巅峰。"心"

的部分包括价值体系、动力动机、责任感、梦想、愿景和使命等。

才很重要，德更重要

场景 17

几年前，我曾经帮助一所顶级大学设计评估保送生的项目。这所学校每年都会招收免考的保送生，这些保送生都在各类国家级、世界级的数学、物理、化学等竞赛中获得过金牌，并且高中时就参加了这所大学组织的一些学习项目，学校也会对潜在的候选学生进行长期的跟踪和观察。

这所顶级大学之所以设立这个班招收这些保送生，就是为了培养顶级科学家。这些学生在"智"的方面都是万里挑一的，但我们如何找到愿意为科学献身的人呢？我和教授们需要设计一套方法，通过面试、行为观察和心理测量问卷，来确定这些学生的价值体系，完成百里挑一的选拔。具体的标准是这样的：

（1）除了对科学研究本身有兴趣外，还要有个人使命感，认为"探索科学是超越一切的最高成就"，解开一个"物理假设"的精神愉悦超过任何物质的激励。

（2）愿意为科学默默无闻投入 20 年。通常在研究领域奋斗20年才有可能获得一些研究成果①,只有那些坚持不懈、拥有强大心理韧性的人才能做到。正如那些诺贝尔奖获得者,虽然一朝成名,但在成名前一生大部分时间都是在默默无闻中度过的。

(3)对财富或者名誉比较淡泊,不被住什么房、开什么车、穿什么衣服这些外部的激励所诱惑。

(4)具有强烈的民族自豪感。

我们分几次将学生组织在一起,通过设置一些活动,让学生自然地展现自己的"价值体系—使命—愿景"。例如,我们会将20名学生分为4个小组,每组5人,不设组长,同时给每组学生发一卷图纸,看哪个小组能在10分钟内利用图纸搭建一个空间,并且这个空间能够把小组成员全部装下。4个小组中只取获胜小组出线,还会评出最佳个人,再根据最佳个人和最佳小组来确定最终人选。

我们想通过这个测试观察每个学生的行为表现,看看在这种高度竞争和高压的环境下,他们真实的价值体系:

(1)是否以团队成功为核心,不过分注重自我的成就;

---

① 根据统计,所有诺贝尔奖获奖者的平均年龄是58.0岁,男性获奖者平均年龄是57.9岁,而女性是63.5岁。2021年中国工程院新增选的84名院士平均年龄为58岁,65名新增中国科学院院士平均年龄为57.4岁。《我国高校教师职称晋升影响因素的事件史分析》一文的作者选取了华东地区4所研究型高校的历史(人文)、教育(社科)、数学(理科)3个学科,通过对136位教师调查后发现:晋升至教授时的平均年龄为40.8岁,而这些人都还是具有博士以上的学历。由以上数据可知,至少在研究领域奋斗20年才能有所成就。

（2）是否能够淡泊名利；

（3）是否为了自己的梦想能够放弃暂时的"成功"；

（4）能否坚持原则和底线。

我印象最深的一个通过测试被录取的学生，他会以团队目标为核心，冷静地征求别人的解决方案，让不同成员都发表意见，按团队总结的最佳解决方案全力执行，当有人过度表现个人能力时，他会提醒团队成员以团队的目标为重，不怕失去自己的优势，愿意去为团队奉献。

场景 17 中，我们可以通过候选者日常的行为，以及在压力下的表现，找到那些志向远大的高潜力人才。

场景 18

有一位"创一代"企业家年龄渐长，希望我能帮他解决未来谁来接管企业的问题。他的孩子们都不愿意接班，所以他计划把与企业一起成长的高级管理者组建成一个团队，由他们逐渐接手公司的管理，但在"一把手"的选拔上遇到了难题，毕竟确认谁是德才兼备的继任者是一件非常难的事。

如果从解决问题的能力，也就是心智方程"智"的方面来考虑，有3位副总裁的专业能力、带领团队的能力都非常强，也经历了多个副总裁角色的轮岗。但是这位企业家告诉我，在选谁做总裁的问题上，更需要考量"德"的因素，也就是我在前面提到的"心"的方面：这个人的价值体系是怎么样的？有什么愿景？是不是满足"一把手"的德才兼备的要求？

　　我和这位企业家的家庭成员成立了一个5人选拔委员会，讨论出来一个流程：

　　（1）把3位副总裁近5年的费用情况都调出来，通过这个可以快速了解一个人的价值体系和对金钱的态度。挣钱无可厚非，但君子取之有道。

　　（2）结合价值观、责任心、愿景、格局方面的考量需求，设计一套360度评估体系，所有的中高层管理者都要接受上级、平级、下级的评估，"群众的眼睛是雪亮的"。

　　（3）由选拔委员会组织非正式面谈，我根据总裁的职业场景设计整体流程，看一下3位副总裁对"一把手"的任务的排序：是否重视公司的"价值观—使命—愿景"，是否有清晰的战略方向，对财务、业务、组织效率等的看法，如何制订工作计划，等等。

　　经过这三层筛选，如果只有一位具备明显的优势，那就选择他并进入过渡期；如果有两位以上满足要求，难以分出"胜负"，那就通过做轮值总裁来观察，最终做出选择。

　　在对商业组织的高级管理者进行培训和帮助企业选拔高级管理者的工作中，我最关注的就是心智方程中"心"的因素这个底边。很多企业在选拔高级管理者时，往往关注点都在能力上，并没有认识到高级管理者最重要的是"心"的部分。

　　在选择培训对象时，我也更关注对方的意愿。如果对方缺乏意愿，我会放弃辅导他们。因为如果一个人缺乏远大的目标，缺乏内在激励因素，即使在其他方面非常有潜力，也无法将自身潜力转化为能力。

　　中国传统文化对"心"的方面有很多总结。《西游记》中的唐僧尽管是肉体凡胎，但他能够用理想和信念自我驱动，虽然常常置身于各种危险之中，但终能完成使命。当然，这也离不开他的三个具有不同本领（智）的徒弟。

　　如果从"智"的层面对唐僧师徒进行评估，孙悟空肯定接近满分。但孙悟空并没有明确的"使命和愿景"，只想着在花果山做美猴王就很好。如果孙悟空心智方程的"心"是想成为"普度众生"的菩萨，那么他可能会结识各类能人，连接各种资源，结合自己的能力，取得更大的成功。

　　下面以我们小区里面文化程度不高的生鲜店老板小王为例，

我们一起来看看他的心智方程中"心"的部分。

场景 19

小王的生鲜店在我们小区已经经营了 20 年，虽然旁边开过很多各式连锁超市，但都是开了又关，没有一家能像小王的生鲜店一样经营得这么长久。小王还在附近的小区开了十几家餐厅和生鲜店。他的秘诀包括：

（1）他的员工都跟他干了十几年，据说每年春节他都会把利润的一半拿出来分给员工，多劳多得。

（2）他知道小区里面的老年人爱占便宜，每天傍晚不太新鲜的菜他都会进行甩卖，晚上 8 点半之后就装在袋子里让人免费拿。我问他，这么做，第二天早晨很多人就不来买菜了怎么办？他朴实地回了一句："这个没想过，反正扔掉太可惜了，需要的人可以拿回家放在冰箱里，老人有时间收拾。"

（3）新冠疫情期间，他们的店员全是社区的志愿者，一直在帮助左邻右舍。

（4）小区的住户要是有搬家具、换灯泡的活儿，跟他打个招呼，他都会免费帮忙。

（5）去他店里买东西没带钱，记个账就可以。

我曾经问过小王老板为什么这么做，他似乎不太理解这个问题："哦，我不知道别人怎么做，我就是靠这个理念经营生意的。"事实上，小王老板正是用自己的"心"赢得了客户和员工的信任。

"心"决定了不同职场跑道的成就上限

在规模型企业中，一个人要想成为某一领域的专家，最重要的是要对这个领域有极高的兴趣，这样才能在这个领域坚持10年甚至20年，而职业兴趣正是来自"心"，也就是一个人的价值体系，即他认为什么事情有价值。

个体大多数都是通过卓越的工作表现，证明自身在初级岗位上拥有与"智"相关的综合能力，才有机会得到晋升，最后成为高级管理者的。从个人贡献者到一线经理的晋升，需要的是解决具体问题的能力。晋升之后，个体面临第一次转型，即成为卓越的带领团队的经理，我们叫作"领导他人者"。这时候要做到以团队的成功为核心，帮助每一位团队成员取得成功，就没那么容易了。只有一个人的初心是希望帮助别人，才容易转变成卓越的管理者。

从一线管理者晋升为中级管理者，从带领一个团队转变为带领多个团队，中层管理者的价值体系非常关键。中层管理者工作任务的核心是上传下达，传递公司的价值观，以及与公司价值体系相符的态度和行为，这些也对中层管理者的"心"提出了要求：（1）保持正直和公平，避免在选择下属时任人唯亲；

（2）和公司倡导的文化价值观保持一致，很多企业文化中都要求公平公正、公开透明、结果导向等，如果不一致，公司会担心管理者把下属团队"带歪"；（3）有强烈的进取心，这样才能驱动下属和团队不断提升绩效。

从中级管理者晋升到总裁、副总裁级别，要取得成功也取决于"心"的因素。"使命—愿景—价值观""企业家精神"都是规模型企业组织的核心，个体能否跟老板"同心同德"，在公司遇到困难时能否与老板一起承担并帮助老板走出困境，某种程度上决定了一个人能否走到领导的最高层。

上面列举的是规模型企业组织内的职业场景，自由职业者的成功也一样。之所以被称为自由职业者，是因为这群人为了自己的兴趣坚持做自己喜欢的事，他们的"心"也希望无拘无束，自由发挥自己的才能。

时代也对创业者群体的"心"的方面提出了要求。无论是创办"小而美"的企业，还是"规模型"企业，无论是为了功名利禄还是实现自我价值、为社会带来价值，都应该思考，你的"初心"和"使命"是什么，这决定了你的企业能走多远。

天赋与志向

德国教育家、哲学家斯普朗格提出，自然导向、理论导向、实用导向、唯美导向、社会导向、个人导向、传统导向的动机和激励因素的组合，导致了个体的职业兴趣的差别。无论指向艺术、商业还是技术，只有将主观的兴趣、动力和天赋结合起来，我们才能找到最适合自己的职场跑道。心智方程"心"的差异也决定了一个人能否在一条职场跑道上长期坚持。

在专业的选择上，我们可以通过做霍兰德职业兴趣测试看看自己对什么感兴趣。但这些都属于主观兴趣，我们还要看心智方程中"智"的方面，了解自己更擅长什么，在哪类职业上更具"智"的优势，更容易取得成功。所以兴趣并不是我们选择不同职业的核心因素，当然，我们也需要预测未来社会需要什么。

比如，我的心智方程中，"智"的方面支撑我成为一个非常好的机械工程师（我的流体智力中的空间想象能力和逻辑推理能力在人群中居于前2%）；"心"的方面，我对机械设计很有兴趣，愿意长期持续去做机械设计相关的工作，那么我就有可能成为1%的顶级工程师，拥有深厚的专业造诣。同时，我对音乐非常感兴趣，但是因为在音乐上的天赋一般，即使通过努力有可能成为一名歌手，也注定平庸，比起做机械工程师，我自身的价值可能就体现不出来了。

心智方程中"心"的重要组成部分是志向。

人在出生时，就已经具备了原始的动机和内驱力。比如有的孩子就喜欢乱涂乱画，有的孩子对音乐更敏感；有的孩子爱支配别人，有的孩子爱帮助别人；有的孩子对"赢"的渴望很强烈，有的孩子却将其看得很平淡。个体的性格和遗传有一定关系，价值体系、理想、信念、人生观、志向等与后天环境的影响也密不可分。

成年后，个体"心"的方面，比如性格、人格和价值体系开始趋于稳定。对于个体而言，原生家庭非常关键。这里涉及一个重要的心理学概念——"依恋"。"依恋"由英国精神分析师约翰·鲍尔比提出，他认为一个人的人生愿景、理想、信仰等，很多直接受到与其建立依恋关系的人的影响。

父母心智方程的"心"的底边已经非常稳定，他们的使命和愿景会直接影响到年幼的孩子。这种影响不仅仅来自父母的言语，更多来自他们的行动。同时，个体"心"的形成还受到成长过程中的环境和社会的影响。

乔布斯的愿景是："我们活着不就是要在宇宙中留下痕迹吗？（We're here to put a dent in the universe. Otherwise why else even be here?）"我们不知道乔布斯心智方程中"心"的部分是什么时候形成的，但这正是他源源不断的动力的来源。

"心"的"价值数轴"

如何衡量一个人"心"的因素呢？我总结了一个简单的认知工具，叫作"价值数轴"（图3-1），用于人才测评价项目及辅导学员。你也可以用它来评估一下自己"心"的部分。

数轴的左端为"索取者"（Taker），右端为"奉献者"（Giver），中间为平衡主义者（Balancer）。大多数人都在数轴中间的位置，对应现实中我称作"打工者"（Worker）的人群，即工作和劳动是为了换取报酬，多劳多得。

图 3-1　价值数轴和激励因素

　　索取者通常希望以尽量少的付出，获得更多的回报。这种心理特征和行为可以表现为希望"一夜暴富"。当然，在商业社会中最好的方式是从事贸易型的工作，去发现以小博大的机会。比如发现巴西的咖啡非常便宜，而中国市场的咖啡消费需求在快速增长，就可以成为咖啡贸易商人。要注意的是，不要为了利润偷税漏税或者以次充好、偷梁换柱，做违反法律或不道德的事情。

　　奉献者，指的是这样一个群体：相对于付出，他们得到的更少。我在云南参加公益活动时，看到一对乡村教师夫妇从上海的大学毕业后在大山深处做了 30 年山村教师，虽然生活条件比起城市要艰苦很多，但他们彻底改变了山村的教育水平，因为他们的付出，山村成为县里第一富裕的村落。但他们似乎从来没有获得过什么荣誉，还是过着普通的村民生活。

场景 20

小迪离开中国去美国读高中，初到美国人生地不熟。一位叫米娅的同学对她非常友好。米娅会主动和小迪聊天，并经常来问她需要什么帮助。学校的几个关键的社团活动中，米娅会召集朋友和小迪到自己家里一起化妆、一起去活动现场。小迪很高兴，觉得自己有了本地的好朋友。随着小迪逐渐融入学校的生活和学习，米娅却渐渐不太主动和小迪玩了，她们成了普通的同学关系。

小迪和我说起这个事，我告诉她，米娅可能并不是自发地想来帮她，估计是米娅的父母安排的。米娅的父母要求米娅去帮助外国留学生融入当地和学校的生活，他们很可能希望米娅成为一个能够利用自己的优势去帮助他人的人，这可以使她向奉献者的方向发展，产生自己的价值。

从另外一个角度来看，米娅也积累了和中国孩子沟通的经验，长大后可以比较容易地与中国人交往和建立信任。随着中国在世界上变得越来越重要，米娅的做法可以让她成为一个善于与中国人沟通和了解中国文化的人，这方面的经验对她未来在商业或者其他领域的发展具有重要作用。

通过场景 20 中米娅的案例，我想表达的是，我们在"价值数轴"上的位置是可以被影响和刻意培养的。

用"价值数轴"来评价心智方程中"心"的部分，明确我们在数轴的位置非常重要，这样我们就能知道自己更适合哪条职场跑道。如果你在"打工者"的位置，可以选择在规模型企业做职业经理人或成为一名企业内部的专家。

现实社会中，绝大多数人都被教育成了"平衡主义者"，上班有工资，用知识和技能换取相应的报酬。社会总体的价值体系也鼓励平衡主义者，因为大多数人都希望"因劳而获，按劳分配"。

如果你在"价值数轴"上的位置偏向"索取者"更多一些，就会倾向于少付出，多获取。你可以选择创建一家小型公司从事商人类型的工作，不需要什么投入，可以尽量使利润最大化，让自己多获利。

有一种极端的情况是，有的人希望获取一切，甚至希望世界都是他的。如果这个人心智方程中"智"的方面又具备超强的能力，这样的个体可能会给社会带来灾难性的后果。《能力孵化》这本书中称作"暗黑人格"，对其进行了分析，感兴趣的话可以找来看看。

如果一个人在"价值数轴"上的位置是"奉献者"，心智方程中"智"的因素非常好，"情"的方面也很强大，"身"的因素也足够好，那他有可能会创立一家小型公司并逐步将其发展成一家规模型企业。也就是七条职场跑道中的"企业家"跑道。规模型企业都有明确的愿景、使命和价值体系。2019年，全球企业家组织更进一步提出，商业组织不再单纯把股东利益作为首要条件，而是用 ESG 概念（环境—社会—公司治理）来衡量企业的可持续发展能力和长期价值。

关于企业家精神，我们可以参考 1904 年《企业家》杂志的发刊词，即企业家宣言，其中有一句话是："从选择创业开始，他们实际上就自动放弃了保暖、物欲、平和、无忧的生活。他们一直站在风口浪尖上，代表并塑造着时代的精神。"

场景 21

作为华为多年的人才方面的教练和培训师，我非常理解他们的一些举措。2018 年，华为拥有约 18 万名员工，员工的人均年收入为 70 多万元。根据国家统计局 2018 年的数据，中国规模以上企业就业人员的平均年收入为 68380 元，华为员工的人均年收入是其 10 倍多。华为除了舍得在员工待遇上投入，更不吝啬在研发上的投入。2013 年，华为的研发投入高达 307 亿元，正是在这一年，华为超越爱立信成为世界最大的通信设备公司。同时期的中国知名大公司多是地产、金融和消费品公司，也就是资源和机遇类型的公司。

华为的决策者知道如何用不同的方式激励价值数轴上不同位置的人：

（1）给出实实在在的物质激励，"平衡主义者"就会创造更多的价值。

（2）提供实现愿景的平台，激励那些希望创造价值的"奉献者"。

（3）提供决策权，激励那些具备企业家精神的人。

（4）针对"索取者"类型的员工，明确制度，坚决淘汰。

场景21中，将"价值数轴"的概念套用在华为的激励机制上，我们可以知道，企业是由不同价值诉求的人组成的，要根据个体的不同诉求"对症下药"，从而更好激发他们的活力。不可否认的是，社会的绝大多数人还是追求多劳多得、按劳分配，心智方程中"心"的部分具备企业家精神的人，只是极少数人。

"价值数轴"与马斯洛需求论

每个人在人生的不同阶段对价值的理解也会不同，那些总是能在"价值数轴"上向右侧持续调整自己的人，会比较容易领先大多数人。

价值观是行为的动因。有什么样的价值取向，就会产生什么样的行为。1992年大学毕业后我被分配到工厂成为一名车间技术员。这是一份初级的重复性技术工作。1993年，因感觉工厂的工作太无聊，我辞职进入外资企业，月工资也从117元变成3300元。当时我的心愿太多了：想要一辆汽车、一块机械手表或者一部高档照相机。后来我拿攒了几年的钱去买了一辆合资汽车，并且把自己的业余时间都花在了如何让这辆车加速更快、底盘更结实上。

现在再去审视我当时买车这件事，为什么我没有用买车的钱去买房呢？这是因为每个人心智方程的"心"不一样，兴趣也不一样，我当时认为财富没有什么用处，钱只是用来满足自己对生活的热爱的。我当时一心一意想在知名大企业做一名雇员，处于"价值数轴"上的"打工者"的位置。而一个人的职场选择都来源于他看待职业的视角。

场景22

很多人的职业选择都多少会受到父母潜在的影响。我们兄弟姐妹三个的选择就是典型的例子。

按照父母的想法，我姐姐学的是法律专业，将来做律师或法律工作者，可以去公检法这些有保障的机构。在我看来，姐姐心智方程的"心"更适合在商场中打拼，她也确实在大学毕业后按照自己设计的职场跑道，成了一名有成就的商业律师，后来又把通过律师工作挣到的钱进行投资成为企业家。我是一名机械工程师，靠自己的专业知识和技能可以在工厂或设计院工作，有稳定的技术保障和环境保障。后来，我转换职场跑道，成为管理者，甚至决策者、"一把手"。我的弟弟学的是财务，这也是一个有技术门槛且有保障的职业，他后来成为专业投资机构的高级管理者，并成为"一把手"。

我的父母都是从事技术方面工作的，在教育和培养我们三个人上，也希望我们成为技术专家，靠自己的技能在有一定规模、有保障的大型组织里谋生。这对应的是七条职场跑道中的专家赛道。但是，我和弟弟的心智方程，让我们选择了成为管理者，并成为"一把手"。

创业这个词当时没有在我的字典里，似乎距离我们非常遥远。父母给我们注入的价值体系中，也没有创业这个场景。

场景23

我的高中同学小冯，家住北京中关村附近，高中毕业后没考上大学，就在当时的中关村电子一条街租了柜台，靠卖电脑零件和组装电脑赚钱。后来，随着社会需求的扩大，他的小买卖逐渐变成了大买卖，开始接到给大公司组装电脑的订单，后来又注册了商标，有了自己的品牌。小冯凭着对商业的敏感，发现自己无法和拥有大企业背景的大型电脑厂商竞争，终于抓住一次机会卖掉了自己的品牌，上演了"一夜暴富"的戏码。在游山玩水一年后，小冯又想干点儿什么，他发现了电子市场的其他商机，于是包下商场的一层再分成不同的柜台转租给小摊主。他分析了自己作为北京本地人的优势，选择了房地产开发，不断把不用的工厂、仓库租到手，进行翻新、分割，出租给那些新兴的公司。小冯甚至试图拿到一块地，按照他的理想建一座大楼。小冯成了一位房地产开发商。

就像场景22，父母对子女价值体系的影响是很大的，大多数父母期望的都是子女有一份安全稳定的工作。场景23中的小冯的父母都是高级知识分子，小冯因为没有考上大学，无法按照家里的要求成为一个安安稳稳的职业经理人或者科学工作者，但他却成就了组装电脑的业务和房地产事业，成了一名创业者。小冯无意中激发了自己心智方程中"心"的潜力，再结合自己的"智"，成为中国较早的那批企业家中的一员。

场景24

我的另一名高中同学郑同学，当时和我有一个共同的爱好——摄影。他的家庭比较富裕，买得起几千元的单反相机，家里也专门给他准备了一个房间让他作为暗房。郑同学有一颗艺术家的心，在"智"的方面虽然天赋不算高，但是愿意投入。

郑同学在艺术方面投入了大量的精力、时间和金钱。中学毕业后，他继续在美术方面深造，虽然费用非常高，但他坚持投入，即使兜里只有10元钱餐费，他也会花9元去买胶片。

十几年后，郑同学成了业内小有名气的设计师，并且从单打独斗的自由职业者逐渐发展到了拥有几十人的设计公司。

通过场景24中郑同学的案例，我们可以总结得出：如果有强烈的意愿，加上长期投入和刻意练习，即使"智"的方面潜力不是特别高，通过后天不断积累，同样能取得成功。

我们还可以结合马斯洛的需求理论来分析这个场景。马斯洛需求层次理论由美国心理学家亚伯拉罕·马斯洛于1943年提出。这一理论认为人的需要由生理需要、安全需要、归属与爱、尊重的需要、自我实现五个层级构成，1970年又增加了求知的需要和审美的需要。

（1）生理需要：人类维持自身生存的基本要求，包括饥、渴、衣、住、性、健康等方面的需求。

（2）安全需要：人对安全、秩序、稳定及免除恐惧、威胁与痛苦的相关需求。

（3）归属与爱：人需要与他人建立情感联系，以及隶属于某一群体，并在群体中享有地位的需要。

（4）尊重的需要：对于成就、名声、地位和晋升机会等的需要。尊重的需要既包括对成就或自我价值的个人感觉，也包括他人对自己的认可与尊重。

（5）自我实现：指人希望最大限度地发挥自身潜能，不断完善自己，完成与自己的能力相称的一切事情，实现自己理想的需要。

跟郑同学相比，当时我可能还在马斯洛需求理论的底层考虑问题，而他已经在"自我实现"的阶段了。我跟他之所以会有这么大的区别，可能是他的家庭比较富裕，不担心他靠美术吃不上饭，让郑同学可以去追求自己的理想吧。

我的女儿上大学后，我发现她们这代人跟我们那代人有很大的差异。随着经济发展，人们变得越来越富裕，"Z世代"的志向变得更多基于自己的理想和愿景。我们对孩子的期望，也是他们能找到自己感兴趣的事情，可以去学习哲学、心理学等。而这些学科在我的父母这代人看来，都算不上可以学到实在的技术的学科。

商业社会的价值转向

现代商业社会，大家似乎都在商言商，把利看得更重，企业的使命、愿景和价值观的问题仿佛距离我们很远。但时代在变，中国商业社会也会经历一个转型，大量生意人必将变成企业家。

20世纪八九十年代，只要让商品流通起来，各种资源流转起来，盘活经济和释放劳动力的价值就可以了，商人看到的更多是产生和赚取附加值。这个时期是"少数人先富起来，将来带着大多数人致富"，需要大量商人，他们以赚钱为核心目的。

商业的本质是推动社会效率提升，让生活变得更美好。20世纪90年代，中国开始出现一批具有企业家精神的创业者群体。他们愿意通过自己的才能，为社会带来更多创新性的贡献，再用自己给社会带来的价值创业，将利润源源不断地投入研发，通过技术进步推动社会前进。这些具备企业家精神的创业者会逐渐代替纯逐利类型的企业主，成为未来企业家的主体。

从获取财富转变为创造财富，并驱动社会文明进步，"心"的因素的影响更为明显。企业家知道，要实现理想，仅仅靠自己肯定不行，需要吸引有不同能力的人才。回到本书的主题，就是用PVS胜任模型去撬动和吸引更多有能力的人，根据他们的价值体系分别给予相应的激励，驱动他们。

（1）对于注重使命、愿景、价值观，能与企业产生共鸣的人，要创造平台，提供机会，让他们在企业内实现个人价值。

（2）对于更看重物质回报的人，可以尽量用物质激励来驱动他们。

（3）对于更看重名誉的人，可以给他们更多荣誉奖励。

企业家要注重组织建设，用心智方程中"心"的部分构建企业文化价值观。把能力不同的人，与企业所需功能相匹配，加上管理这一润滑剂，再通过流程架构，把组织打造成为一部高速运转的机器，让环境和价值体系来驱动每一个人。

从"商人"到"企业家"

我在帮助一些投资机构进行风险投资的"投后辅导"和创业者培训时发现，中国企业的领导者正在实现从商人到企业家的快速过渡。

场景25

一家长期合作的投资机构交给我一个一站式辅导项目——辅导一家创业公司的管理层。这家创业公司创立4年，已经拥有1600多名员工。投资机构交给我的任务也非常简单：辅导创业者聚焦公司战略—经营计划，帮助创业者打造一个高效组织，激发每位高管的"心"。

我的工作也很简单，就是帮高管将下面这三点打通：

（1）你想干什么？是多赚些钱、出名，还是在历史上留下自己的足迹？这些问题聚焦于创业者的"使命—愿景—价值观"体系，这也是大中型商业组织的基石之一。

（2）公司存在的意义是创造价值，那怎么去创造价值，用什么样的准则或行为规范来支撑？结合核心技术、核心能力，选好赛道（市场）和商业模式，这就是战略、战略解码和经营计划了。

（3）基于以上两点去构建公司的组织和运行机制，明确对各级经理的要求和公司的创业文化，让每个员工都理解公司是和全体员工一起创造价值。

就像场景25中的那家创业公司，很多处于创业初期的企业，工作的重点容易过度聚焦在具体业务上，头疼医头，脚疼医脚，却忘记了自己为什么出发。通过经营获得利润后，企业需要将利润及时再投入，而不是将利润用于个人消费或者财富积累，反之就还是商人的思想。当下很多企业创始人在创业之始，就具备强大的企业家精神，价值诉求是不断投入到研发和产品上，让企业进入赢利—再投入的良性循环，为时代和社会的发展做出贡献。

场景26

一家快速发展的公司，两位联合创始人原来是互联网大厂的高管，老东家上市后，这两位高管直接将持有的股票变现，但没有选择置办地产、做金融理财，而是看到了新的商业时机选择创业，现在已经融资了几轮，公司也即将上市。

我去给这家公司做高管的战略共创，并为继续融资路演做准备。在简陋的总裁办公室，1号创始人、我和高管团队共七八个人找了几个凳子坐在电子白板前，就开始了两天一夜的100亿商业规模的战略引导、共创。这七八个人大多来自典型的理工科学校，比如西北工大、华南理工、大连理工、华中科大、南京工业大学等。新加入的首席财务官原来在香港一家投行工作，来自富裕家庭，和我说已经连续四天三餐吃的都是盒饭，这让她稍微有点不适应，但是创业团队的激情点燃了她。这是一个梦幻的场景，一群对功名利禄不在意的人，兴致勃勃地探讨着宏大的商业图景，全力聚焦梦想。

时代在变，曾经的企业家似乎更在意的是名利，而新生代企业家更在乎实现社会价值，获得财富已经变得不那么重要，就如同场景26中的那家公司。就像中国很多的领先企业，在拥有企业家精神的领导者的带领下，最大限度地激发每个个体的"心"，集聚个体的力量成为集体的力量，形成了独特的组织文化。

你的"心"与公司的价值观匹配吗

场景 27

2018—2019 年，我负责国内一家技术公司的人才发展项目。这家公司拥有 18 万名员工，我花了大量时间了解公司中高层的情商及行为风格，并进行了一对多甚至一对一的反馈，以此来提高管理者对自己的认知，促进他们的自我反思。我在做企业领导力发展项目时，遇到的最大挑战就是很多人都对自己缺乏足够的认知，他们所从事的工作并不是自己发自内心喜欢的，诸如收入、名誉等外部激励是他们的主要动力源。但外部激励未必会长久，也存在腐败的风险。激发个体的自我激励因素，将工作转化为乐趣，让其认为自己的工作能够创造价值，这是长久工作的基石，是心智方程中"心"的转变，也为中层走向高层奠定了基础。

如果一个人在做到高级管理者之后，心智方程的"心"和他所在的商业组织的"使命—愿景"接近，他的行为准则也会和这个商业组织类似，这就是个体和组织的完美结合。一个高效的组织，就是一群志同道合的人，通过分工合作，引领团队沿着共同的方向，在共同的价值观和行为规范的引领下，实现组织存在于社会的积极意义。这就是"使命—愿景—价值观"的共鸣。

第一章我们提到，老板经常会对人力资源部说的是找一个"能人"。猎头在人才市场上可能能够找到表现出色、业绩突出的职业经理人，但统计数据发现，空降的高管取得长期成功的不多。这是因为每家企业都有相对独特的"使命—愿景—文化价值观"体系，"水土不服"是空降高管"存活率"低的主要原因。

我遇到过不少心智方程"心"的方面拥有远大梦想，"智"的方面智力超群，却没有获得成功的人。这种情况多半是因为这些人"心智方程"中"情"的因素不足，我会在第四章针对"情"的方面展开详细的探讨。

第四章

"情"：情绪、情商与领导力

用智商解决问题，用情商面对问题，情商可以终身发展。

心智方程的四个方面中，"情"主要是指，我们如何面对自己的情绪，如何面对他人，如何影响周围的人甚至整个团队。

前文提到，随着年龄的增长，人的流体智力会不断下降，表现如记忆力衰退、数字运算能力下降等，但人的情商可以终身提升。

情绪和情商

几乎所有的人类活动，都是通过团队或群体协作完成的。一个人即使智商很高，也有强烈的成就动机，但如果无法带领团队和激励不同的人协同作战，基本也是没有机会取得成功的。心智方程中"情"的方面是领导力的基础部分。

在实际的人才测评工作中，我更喜欢直接用英国伦敦大学学院（UCL）心理测量实验室主任佩特里迪斯博士（K.V. Petrides）的研究成果特质情商量表（Trait Emotional Intelligence Questionnaire），里面涉及 15 个维度（图 4-1）。英国的人才测评公司托马斯国际就是应用这个成果在商业领域对人才进行评估的。

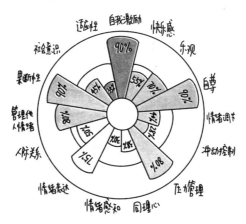

图 4-1 佩特里迪斯博士的特质情商模型

注：图中的百分数，即百分位数，指的是在统计学中各个维度在所测人群中的位置。例如，你的快乐感是 55%，代表你在这个维度超过 55% 的人。

涉及个体幸福感的有以下三个维度：

（1）快乐感：个体当下感受的愉悦程度。

（2）乐观：个体对未来的看法和态度。

（3）自尊：个体的自信及自我评价的程度。

涉及自我控制能力的有以下三个维度：

（1）情绪调节：个体调节自身情绪，在心烦意乱的情况下保持平静的能力。

（2）冲动控制：个体在行动前是否会慎重思考，是否会冲动或者草率决策。

（3）压力管理：个体管理外部和心理压力的情况。

涉及情绪性的有以下四个维度：

（1）同理心：个体理解他人观点和看法的能力，以及是否考虑别人的感受。

（2）情绪感知：个体了解自己和别人情绪的能力。

（3）情绪表达：个体表达自己情绪的能力。

（4）人际关系：个体在工作和生活中发展和保持人际关系的能力。

涉及个体社会性的有三个维度：

（1）管理他人情绪：个体管理他人情绪状态的能力。

（2）果断性：个体有多坦率，在何种程度上会努力争取自己的权利。

（3）社会意识：个体在社交情景中的感觉，在不太熟悉的人面前的表现。

另外还有两个独立维度如下：

（1）适应性：个体在生活中的灵活度，如何适应新环境、新的人群，如何适应变化。

（2）自我激励：个体内在激励的程度。

个体成长过程中，情商表现稳定的部分，就是特质情商。托马斯中国团队的首席心理学家陈老师经常提到一个词，叫作"弹性"，也就是面对发生的事情，我们表现出来的临时的、可以调整的状态。我更愿意把"弹性"称为能力情商。比如，为了在工作中取得成功，一个人可以临时调整自己的状态。我把这些相对稳定的特质部分，叫作"能力"。

场景28

陈老师并不擅长当众表达，更喜欢在安静的环境下做专业性的研究和分析工作。即使自己非常专业，但如果给一群陌生人做培训，她还是会有压力。沟通上，她更喜欢以直接的表达方式和别人交流，偏好逻辑的、数据的和书面的表达。平时她会尽量减少介入商务活动，而是选择一对一的沟通，避免现场很多人的"七嘴八舌"。

但是公司需要陈老师把认证课专业地交付给客户，她需要面对不同企业的人力资源部的负责人和专家、专业咨询师、培训师，而且这个任务必须由她亲自来完成。最初的两次交付，她的压力非常大。为此，她精心设计课程，事实证明，交付效果非常好，获得了不同性格、不同水平的专业人士的好评。

后来，公司又给陈老师安排了新的工作，让她为企业客户做领导力培训。这类培训的受众群体都是公司的管理者，她又对各种细节进行了充分准备，通过各种管理场景让这些管理者完成了培训，达到了培训目的。

现在，陈老师已经成为游刃有余、客户满意度很高的培训师了，她充分发挥了自己的"弹性"。

当然，在没有培训任务时，她还是更享受一个人在安静的环境中去处理专业问题。

与场景 28 中的陈老师不同，我见到过一些天生的培训师，他们在休息时仍可以继续和学员天南海北地聊。对于他们来说，和陌生人一起交流和探讨是他们擅长的，让他们安安静静地去做数据分析，那反而是他们的"弹性"操作了。

这种"弹性"，也就是"能力情商"，是可以通过刻意练习来提升的。

情商和领导力

接下来我们再来谈谈情商和领导力及"人的管理"的相关性。

在特质情商的 15 个维度中，我们可以看到以下维度与领导力紧密相关：

（1）一定的"快乐感"和"乐观"：放松、幽默、乐观的领导会被更多人喜欢。但如果领导者过于乐观，就有可能会低估风险。如何找到平衡点是对领导者的挑战。

（2）适当的"自尊"：对自己过去的成就非常认可，表现出强烈的自信心。但如果自尊过度，又会变得自大，甚至缺乏倾听能力，不能接受任何批评。

（3）超高的"压力管理"能力：在压力面前能够保持镇定和平和的心态。

（4）"同理心"：适当的同理心很重要，但是同理心过高可能会导致过于为他人考虑，影响决策的独立性和自身目标的实现。

（5）"情绪感知"能力：对对方言行保持敏感。

（6）"人际关系"上的投入：马云在 2018 年 1 月 22 日演讲时说，自己一年坐飞机飞了 800 多个小时，相当于每天要飞 2 个小时，去见不同的人。

（7）超高的"管理他人情绪"的能力：能够影响别人的情绪甚至改变环境的气氛。一个好的领导是自带光环的，他的出现会改变所处环境的整体氛围。

（8）较高的"果断性"：利于在团队中快速做出决策。

（9）较高的"适应性"：在一个新的人际环境中，能够快速融入环境，并影响环境。

（10）较强的"自我激励"：激励因素来源于自己想做什么和自身价值体系。

我发现，成功的企业家在特质情商的 15 个维度上可以轻松保持弹性，做到在各种环境下为了达到目标随时切换状态。

场景 29

我曾经给深圳的一家科技公司做过高管人才测评项目，这家公司的总裁给我留下了深刻的印象。我约好了这位总裁下午 5 点至 6 点做高潜总监选拔项目的汇报，所以提前到他办公室门口等候。他办公室的门虽然关着，但我还是听到里面他正在很气愤地大声批评着财务副总裁。眼看已经过去了 20 分钟，我们约的一小时汇报就要泡汤，秘书敲了敲门提醒总裁。门一开，总裁立刻恢复了平静，对财务副总裁温和地说："你回去看看对我们刚才谈的事有什么补救措施，今天晚上咱们再商量一下，我先和路老师谈一谈人才选拔的事情。"在财务副总裁离开后他专心倾听了我的汇报，还重点问了几个他关心的人，就事论事，效率极高，就像刚才财务副总裁的事情没有发生一样。

在我汇报的过程中，突然秘书又敲门进来，说另外一位重要客户来了。总裁立刻站起身，脸上也马上出现精神焕发的神采和笑容，边走边说："路老师不好意思，我去见一下客人，我们的事情我会让秘书再安排一个时间。"接着我就听到总裁在旁边会议室热情地招呼那位客户。

从对财务副总裁的言辞激烈，到与我沟通时的平静，再到见到新客人的热情，这一切都发生在 30 分钟内。通过这些我们可以看出，总裁在"情"的方面游刃有余，这就是情商。

情商的基础层就是个体平时的特质。能力层是面对发生的事情，个体如何对待自己的情绪，如何面对压力，如何感知他人、理解他人、影响他人，如何影响团队，等等。快速跨越基础层到能力层的能力，就是一种重要的共情的能力。

就如场景 29 中那位总裁的表现，他的情商的特质中肯定有很高的共情能力，才能针对不同场景快速切换情绪状态，以达到最佳的沟通效果。

那么，情商的基础层是如何建立的呢？如何在能力层变得游刃有余呢？情商和智商的基础不同，智商的基础是流体智力，基本由遗传基因决定。但基因和遗传只决定了情商的一部分，个体的原生家庭和社会环境，也是很重要的影响因素。个体成年后，会形成自己的基础层，能力层则需要随着年龄和社会阅历的增加而提高。

情商的终身发展

情商的发展与个体成年前的成长环境直接相关。

场景 30

1997 年，我接待了一个 17 岁的少年 M。M 来自一个世界著名的商业家族，要来中国内地旅游一个月再去香港。他在机场用外币换了 8000 元人民币，当时北京的平均工资水平在 1000 元上下。作为富人家的孩子，他居然只准备了 8000 元零花钱，这让我很惊讶。之后我问他准备住在哪里，本来我以为他会选择住到五星级酒店里，他说希望住在我家做"沙发客"。

当时我和父母、姐姐弟弟挤在一个老式的三居室中，在我家交谈后，M 希望我帮他设计在中国的旅游路线。他拿出一张标注了十多个地点的地图，并告诉我这是他爷爷给标注的，他爷爷的父亲 50 年前曾经来过中国。我立刻就明白了，他的爷爷是希望这位 17 岁的少年重新走一遍前辈走过的路。

等我帮他设计好行程后，M 不好意思地告诉我，他这次中国之行所有的费用，包括衣食住行，只有这 8000 元。这下我就理解 M 为什么要睡我家的沙发了。

他在北京都是乘坐公共交通工具，之后又从北京坐硬座去了延安。20世纪90年代，中国还处于物质相对短缺的时期，他这样家庭出身的孩子能去挤火车硬座，风餐露宿，真是超出了我的想象。但我明白，这些经历可以锻炼他的压力管理、情绪调节、冲动控制、同理心和社会意识、适应性等方面的能力。

一个月后我们再见面时，M兴奋地和我分享，在延安火车站，他拦下了一辆看上去比较善良的人开的拖拉机，把自己载到了宝塔山下。因为对窑洞的居住体验有强烈的好奇心，他就去山村窑洞敲开院门，跟村民连说带比画，留宿在了当地的窑洞。

一个17岁的孩子，孤身一人在完全陌生的中国旅游，这对心智方程中"情"的方面是非常好的历练。相信有了这样的经历，M在任何新的环境中，都能很好地适应，对不同种族、不同文化也会有很好的理解。

我再次见到M是在他22岁时，他要在云南为一个教育公益组织做一年的山区英语教师。这时候的M已经是一个成熟、老道的青年了。在中国支教一年后，他回到沃顿商学院完成了自己的学业，在家族的一个工厂做了一年蓝领工人，得到全A的绩效表现。后来他被公司派到欧洲的控股公司在战略部门做助理，两年后调到中国，代表公司的战略部门和麦肯锡咨询公司合作，完成了对中国的投资项目。项目结束后，他又被调到美国总部，成为战略部门的主管。3年后，M 被调到巴西，成为南美公司负责战略的副总裁及董事会秘书。在圆满完成对南美本地企业的收购后，他又被调到欧洲，成为欧洲事业部负责战略和市场的副总裁，3年后调任南美区做总裁。

场景 30 中的 M 在 39 岁时，已经成为这家跨国公司的全球副总裁。可以想象，他将来大概率是公司全球总裁的强有力人选。M 的成长经历告诉我们，成年前的经历对情商的培养是多么重要。

场景 31

我曾经和一家全球财富管理公司合作对中国一些家族企业的"二代"进行领导力评估，见到了一些非常优秀的孩子，同样也见到一些问题多多的"富二代"。他们多皮肤白净，一身奢侈品牌，与他们坐到一起，感觉他们根本不知道如何与别人建立关系，我也感觉到他们缺乏领导者的魅力和亲和力，甚至很多人缺乏快乐感。

在交谈中，他们对社会的认识非常片面，生活在自己的小圈子里。这样的他们如何与不同的人建立关系？如何适应不同的社会环境？如何同理不同的人的想法？我很担心，如果面对复杂的商业环境，他们能否管理自己的压力。同时，他们还很茫然，缺乏坚定的信念，缺乏自己要成为什么样的人的自我激励。

我对其中的很多"二代"非常失望，给到"创一代"的建议也很残酷：如果因为年龄关系无法继续将家族企业经营下去，不如卖掉；"二代"们在复杂的商业社会中成功的可能性不高，不如做一个家族信托，家族事业的传承还是另想办法。

一提到"教育"，很多人首先想到就是知识、技能、学习成绩，其实青少年教育最重要的就是心智方程中的以下两个方面：

（1）"心"的部分：建立良好的价值体系，在"价值数轴"上成为带来价值者。

（2）"情"的部分：学会正确对待自己的情绪和应对压力，学会理解他人、激励他人，懂得如何对待他人和社会。

如果一个人有很好的特质情商作为基础，在不同环境中就都能比较容易灵活地调整自己的情绪，所以基础层的特质情商也是"情"的"潜力"部分。我在人才测评项目中，也更关注评估管理者的"潜力"部分。

高情商不是"好好先生"

一提到高情商，有不少人会想到圆滑、老好人，其实这些并不是高情商的表现，甚至可以说是低情商的行为。高情商不是"好好先生"，而是面对不同情况，可以想办法提升沟通和决策的效率。

场景32

陆总是典型的"70后"，他的家庭并不富裕，初中时已经开始摆地摊补贴家用，后来他考上了一所理工大学的专科，读大学期间继续摆地摊赚取生活费。经过长期的小商贩"职业生涯"的历练，基本看一眼顾客，他就知道对方是什么样的人。他的情绪感知、社会意识和同理心都很强大。

毕业后他进入一家跨国公司成为车间的技术员，任劳任怨工作3年后，抓住机会，成为销售工程师。销售部门属于公司待遇最好、收入最高的部门，同时对于人才的招聘要求也很高，候选人得是名牌大学的工程专业毕业，熟悉行业及客户需求，而且要精通英语，有比较好的人际沟通能力。

在车间工作时，他的英语口语水平获得了很大提升，对公司产品也有了一定的认知，他的出色能力让他抓住了这次机遇。在销售岗位上，他很快进入角色，拜访客户时，和对方聊几句，问几个问题，就可以快速判断客户的需求，并与客户建立信任关系。很快，陆总就成为区域销售冠军。

在场景32中，我们可以看到，青少年时期的经历锻炼了陆总的换位思考、捕捉客户需求及与客户建立关系的能力。

场景33

公司业务扩张后出现晋升机会，作为销售冠军，陆总很快晋升为区域销售经理。他辅导新团队成员熟练掌握产品知识和销售技能，给下属设立有挑战性的目标，并通过客观的标准来淘汰表现不佳的下属。很快，他所负责的区域业绩在公司脱颖而出。

几年后，陆总已经成为公司华东区域的销售总经理，带领着多个省级的销售团队。陆总非常珍惜这个机会，总是自觉地多承担一些工作。副总裁渐渐地对陆总产生了好感，也会给陆总创造一些机会让他参加全球会议与公司各国的高管建立关系，同时会要求陆总参加领导力培训。

通过场景33，我们能比较容易理解陆总的情商表现，包括如何带领下级，如何与平级建立协作关系，以及如何与上级换位思考。陆总并不是一个"好好先生"，而是一位高情商的管理者。

情商与个人魅力

场景34

又过了3年，陆总已经完全融入公司的高管团队。他在公司高级管理会议上表现非常活跃，总是能够结合自身的实际工作经验和对未来市场变化的观察，提出有洞察力的观点，而且在正式的会议前后，他会通过一起午餐的时间或晚上约其他相关副总裁进行非正式的沟通，公司的总裁、副总裁对陆总的印象都很好。陆总经常陪同总部来出差的集团高管去拜访客户，他总有办法见到客户的"一把手"，晚上回来也会与公司高管一起散步和交流，让集团的高管更加了解中国市场。这种场景下陆总总是自己花钱结账，和集团的高管们建立了非常好的信任关系。有一天，陆总的上级和人力资源副总裁把陆总叫到会议室，直接告诉他上级的任期到了，一直在寻找继任者，陆总是第一人选。在陆总表示接受晋升后，两位副总裁把他带到总裁那里，确认了任命。

陆总的晋升很多人都很是意外：按资历和学历，谁也不会想到大专毕业、车间技术员出身的陆总在入职公司 15 年后成为公司的二号人物。向他汇报的下属，包括技术服务总经理、市场部总经理，都是资深高级管理者。当然很多人认为陆总的晋升是情理之中的，因为他的高情商是公司上上下下公认的。

在场景 34 中，陆总之所以能成为公司的"二把手"，是因为具备了情商的最高层能力：他非常擅长观察高级管理者的场景，能捕捉到在不同的场景下那些层级更高的管理者是如何做的，以及他们关注什么。他敏锐地观察到在非正式的商务场景下吃饭和健身，高管们都会自掏腰包这个细节，于是很快就掌握并加以模仿。

在我做的高管教练项目中，很多企业都有类似的需求，就是提升高级管理者的个人魅力。这是因为高级管理者通常是因为解决问题的能力（智）强而得到晋升，但在晋升后，仅仅依靠专业能力已经无法胜任，还要学会带领复杂的团队及激励和培养下属、与平级协作、"管理上级"，甚至代表公司对外沟通。这些都属于领导力的范畴，而情商就是领导力的基石，也是个人魅力的重要方面。

解决问题的智商决定了一个人在职场能否获得晋升，而情商决定了谁可以晋升为高级管理者。

很多领导技能都和情商直接相关，如表 4-1 所示。

　　　　坦　途——职业生涯如何少走弯路

表 4-1　情商与领导力

情商	领导力	解释
快乐感，乐观	积极情绪	以积极的情绪影响他人
乐观—悲观	对未来的积极心态或者未雨绸缪	发现机会，捕捉机会，提升团队士气，或者预判风险
情绪调节	保持平稳的情绪	遇到事情能够保持平稳、良好的情绪状态
压力管理	管理压力的能力	在遇到压力时能够管理好压力，将压力转化为动力
同理心	委派—授权：因人而异的委派和授权	能够针对不同的人，采用不同授权方式
激励	因人而异的激励	理解对方的想法，促使对方自己来解决问题
管理他人情绪	影响力	直接影响或通过媒体影响团队及消费者
果断性	决策能力	能够排除他人的情绪干扰，根据自己的判断，快速决策
适应性	在新的人际环境中能够快速融入	能够快速在新的人际环境、人际关系中去调整自我，融入环境

　　情商可以拆解成不同的维度，我们可以通过相关的训练，来提升自己的领导力。我在高级管理者的领导力培训中，不仅会激发大家"心"的方面，更会提升大家"情"的方面的技能。那么什么是个人魅力中的"激情四射"呢？身体又如何成为精神的载体？这部分属于心智方程中"身"的方面，我会在第五章进行阐述。

第五章

"身"：好的身体与精力管理

身体是革命的本钱。

　　人生在世总会遇到各种困难、挫折甚至危机，除了要有强大的信念和情绪调节、压力管理能力，好的身体和充沛的精力也非常重要。

　　在这一章，我会告诉大家如何保持健康的身体和管理自己的精力，做到精力充沛、活力四射。

同时，我们也需要了解自己身体的承受能力，这决定了我们可以选择哪一条职场跑道。

通常来说，在规模型企业成为专家和中高层管理者，对身体的要求相对没那么高。自由职业者也可以灵活地调整时间来修身养性。规模型企业的"一把手"和创业者，对身体素质的要求相对比较高。

身体的先天和后天

场景 35

2019 年，我在给北京师范大学心理测量与人力资源管理专业方向的应用心理专业的学生颁发奖学金的仪式上，见到了张厚粲先生，张先生当时已经 90 多岁了，还在仪式上做了发言。在发言的 10 分钟里，她完全脱稿，结合心理测量学和当下的热点现象进行讲解。她的肢体语言丰富，表情生动，耳聪目明。

张先生谈吐风趣，在和她的交谈中，我觉得自己似乎是在和一个同龄人进行交流。她反应敏捷，语速和年轻人没有区别，大脑调取信息并进行编辑和加工毫无障碍。张先生在 1982 年引进认知心理学到中国，她本人也展示了在认知能力上的超人表现。

90多岁的张先生为什么能做到这些呢？我在第二章提到，流体智力在达到顶峰后会随着年龄增长而下降，身体的衰老和智力的减退，是人类正常的生理现象。但现实生活中我们也能看到一些人似乎超越这个规律，做到了岁月不留痕。

　　这个世界最有意思的一件事就是时间的线性，每个人每天都只有24个小时。有人会做好时间管理，知道自己在哪些方面可以全身心投入，哪些需要放弃或者让他人去完成。这样的人时间利用效率非常高，他们精力充沛，非常擅长利用自己的"身"。

　　当然，我们的"身"（健康状况）会受很多因素的制约，既有先天因素，也有后天因素。先天因素就是我们经常说的体质，遗传和基因决定了我们身体的很多方面，例如内分泌水平、骨骼、体能、睡眠状况、运动天赋等。就如同有的孩子天生好动，有的孩子天生就喜欢安静。

　　后天因素也非常重要，体质相似的两个人，20年后可能产生非常大的差异。这些后天因素包括成长环境、饮食和营养条件、卫生条件，以及是否规律锻炼身体等。

　　同时，心智方程中"心"的方面也对我们的"身"有着直接影响。"心"导致每个人对待生活有着截然不同的态度。例如，有人希望实现自己的理想，创造更多的价值，就会在了解自己身体情况的基础上坚持强身健体，将身体看作价值的载体，对饮食、睡眠进行研究，做到健康饮食、规律睡眠、定期锻炼身体，提升免疫力。有的人则相反，不能善待自己的身体，更谈不上有所成就。

如何让自己精力充沛

我特别喜欢一个英文单词——passion，即人的"激情"。我在人才测评项目中遇到过很多在"身"的能力方面强大的个体。比如场景36中的杨总。

场景36

在香港一家大型金融机构的战略项目中，这家公司的总裁杨总给我留下了深刻印象：她的心智方程"智—心—情—身"四个方面都非常强大，尤其是身体和精力方面。

因为有大量业务问题需要她做出决策，我的汇报时间都安排在午夜以后。这时候我已经工作一天，大脑的转速已经放慢，但她依旧精力充沛，反应敏捷。

刚开始我认为访谈和汇报安排在午夜是杨总习惯的作息时间。香港的金融机构为了和全球市场同步，很多人习惯早晨休息，下午和晚上工作。

但是我错了，凌晨3点我离开杨总办公室时，她还有其他的事情需要处理，甚至还有人在办公室门口等着见她。第二天一早我去和战略副总裁沟通时，发现杨总依然在办公室意气风发地工作。后来我才知道，杨总每天只高质量地休息4个小时，从凌晨4点睡到早晨8点左右，9点会继续回到办公室工作。

在和杨总熟识之后，我发现杨总的妈妈也是精力充沛，基因就是这么强大。

身体的能力除了遗传因素，还和哪些因素相关呢？我们该如何提升"身"的方面？我总结了四个年龄阶段不同的特点，以及相应的提升方法。

20~30 岁

很多人之所以能很早就取得成功，是因为在 20 岁到 30 岁时有超人的聪明才智、满满的活力。这个年龄段是我们智力水平的高峰期，也是身体内分泌旺盛、精力充沛的时期。

第一份工作，很多人都会选择进入一家高效、同事都非常优秀的公司，或者跟随一位要求严格的领导。外在的各种要求和激励会激发我们全部的斗志，让我们发挥潜力并展现自己最佳的状态。

这个阶段，最重要的是激励因素。除了自我激励，功名利禄等外部激励也起着重要作用。这个阶段的年轻人，需要通过自己的知识和技能（"智"）来换取相应的物质生活基础，社会关系（"情"）不足，"身"主要投入在"智"和"情"这两方面。

1. 对于"智"的投入

刚刚步入工作岗位，在"智"的方面，通常个体的"知识—经验—技能"暂时无法满足工作要求，需要进行持续学习和经验积累。创业者则面临与已经成功的前辈的竞争，更需要快速提高自身能力。

这个年龄阶段，很多人都会通过延长工作时间，以最大化地取得工作成绩。高强度的工作会让人非常疲惫，有的人可能会通过暴饮暴食来补偿自己的付出，加上日常生活不规律，可能会对身体造成负面影响。疲惫的身体得不到及时休息，"透支青春"会给未来的健康状况埋下很多隐患。

解决办法：虽然是老生常谈，但还是建议保持规律的生活，尤其是一日三餐及作息，控制饮食和烟酒，可以在休息和运动上多投入时间，如去健身房或者规律参加一些户外运动。

2. 对于"情"的被动投入

马尔克斯的《百年孤独》里有一句话："一个人的成熟不是多么善于交际，而是学会与孤独和平相处。"在二三十岁的年纪，个体在人际关系方面投入比较多，也需要进行一定的社交活动，尤其是销售、商务类的工作岗位，需要通过一些"非正式的环境"加速和客户建立关系，经常要"应酬"到很晚。这些"应酬"有可能导致身体透支。

解决办法：争取在工作时间内解决完问题，即使你是工作狂，一旦工作结束，也要及时离开办公室，严格区分工作和生活。"应酬"也可以改为更健康的方式，可以与客户找到共同的良性爱好，比如一起参加长跑俱乐部、读书会等。

3. 对于"情"的主动投入

这个年龄段的年轻人非常重视情感，友情和爱情都需要投入很多时间和精力。

• 友谊

有一两个知心好友即可，遇到问题可以深入交流，互相倾诉，互相启发。每个人最终都需要独立面对复杂的社会，虽然也需要有人能够跟自己交流和共鸣，但这样的知心朋友对于大多数人而言是可遇不可求的。如果碰不到，建议独立思考，或者找人生教练和导师。

• 感情生活

亲密关系可以支撑生命的意义。在寻求伴侣的问题上，需要专注和深度沟通，花时间了解彼此。要避免三心二意，投入不足，无法深度交流，因为这会耗费大量时间和精力。

• 交际圈

人离不开社会，有的人在交际圈中获得商业资源，有的人通过交际圈获得更好的工作机会。很大程度上交际圈是一个利益圈，我们要学会取舍，学习如何在人际关系上"精准营销"，避免漫无目的地过度社交。

我遇到过很多成功者，他们更愿意和优秀的人在一起，很注意自己的社交圈，对选择朋友也很挑剔，只愿意对伴侣或者对自己有益者投入时间和精力。

30~40 岁

　　30~40 岁是人生最重要的阶段，也是个体的最佳时间段。在这个时间段，"智—心—情—身"四个方面趋于平衡。这时候如果能保持良好的体能，尤其是超越周围的同龄人，做到精力充沛、活力四射，就能在工作中脱颖而出。

　　在"智"的方面，大多数人已经工作了一段时间，能够结合自己的知识、技能及工作经验，独立承担更复杂的工作任务。

　　"心"的方面，价值体系趋于稳定，开始有明确的对和错的概念，也清楚自己的底线是什么，开始理解和接纳社会的复杂性，认识到每一个人都有自己的运行轨道。

　　"情"的方面，30~40 岁也是一个最佳阶段。这一时期，我们的情商开始趋于成熟。根据心理学研究成果，女性在 35 岁左右情商趋于成熟，而男性要晚一些。

　　"身"的方面，这一时期，身体的内分泌处在最平衡的阶段，需要注意以下几个方面：

　　（1）规律锻炼身体变得非常重要。很多人在 30 岁以前还保留着规律锻炼的习惯，但过了 30 岁尤其成家以后，工作和家庭生活会占据大半时间，很容易放弃锻炼身体，或者认为不去锻炼也没什么问题。记住，一旦丢掉规律锻炼的习惯，等年纪大点再重新开始是非常难的。

（2）养成规律的生活习惯，尤其要保证充足的睡眠。每个人需要的睡眠时间都不一样，我们要根据个人的情况，找到最适合自己的睡眠方式。

（3）减少无效社交，提升社交的效率。布隆伯格说过，你见的人，只有10%会对你有帮助。也就是说，如果需要找到对你有帮助的10个人，你需要见100个人，这100个人的质量很重要。因此聚焦于见谁，变得非常关键。如何与见的人建立信任关系，也变得更加重要。

（4）30岁后，我们开始对自己的身体有了全面的了解，知道自己的极限，在日常的生活和工作中就要注意尽量不要透支。比如，知道自己太晚睡觉会失眠，就可以尽早结束晚上的安排。如果总是超越身体承受的极限，就会导致很多问题，甚至对身体造成永久性的伤害。

（5）学会放空自我。生活、事业、家庭、亲子都会给我们带来压力，要学会及时释放压力，避免对身体造成伤害。

场景37

我辅导过一位"二代"的接班董事长。这位董事长30多岁时接班自己家的家族企业，但接班一年多以后他觉得力不从心，这时候是企业最关键的时候，他需要做个决断：继续干下去还是放弃。这也涉及他能否在"一把手"的岗位上顺利度过转型期。

我和他第一次见面的两个小时内，他大概接了十几个电话，这给我留下了深刻的印象。我能感受到他在面对各种事情时的焦虑，他不停地抽烟，身体状况也不怎么好。在我们交流的第一个小时后，我给了他第一个建议，就是有时候可以把手机关掉。

我给他做辅导和教练的几次沟通中，最核心的成果是这位董事长学会了安排自己和手机的关系及自己和自己的关系：

（1）他学会了"让子弹飞一会儿"，很多不重要的事情授权别人完成，不着急的事情推迟处理。

（2）有时候会完全脱离工作，专注家庭生活，多陪伴家人，留出独处的时间。

（3）平时打高尔夫和参加一些对抗性质的体育运动，让身体和大脑放松。

这次"教练"项目结束两年后，这位董事长又找到我，希望我帮助他找到进一步提升自己体能的方法。他已经成为一个非常会管理时间、管理自己身体的人了。

40~50 岁

进入 40~50 岁，有的人的职业生涯不断进阶，得到晋升，成为高级管理者；有的人则是不断在技能上投入，成为专家；自由职业者通常也处在业务的黄金期，很多创业者也开始取得稳定的收益。

大多数人在 30 多岁时都是外部激励为主，因为需要满足自己和家庭的物质需求，提高生活质量等。40 岁以后，外部激励的作用越来越小，个体会倾向于向内思考人生的意义。有些人在事业上已经没有热情继续投入，开始驻留在自己的"舒适区"；也有一些人会从事让自己愉快的工作，找到让自己富有激情的事情。

这个年龄阶段，总结如下：

（1）最核心的是在职场中做出选择，找到自己最有兴趣、最喜欢的工作，自我激励为主，避免对收入等外部激励的过度重视。在更加多元化的商业社会，我们总能找到可以获得一定收入、自己又相对喜欢的工作。

（2）避免换到全新的工作或者人际环境。突然进入陌生的环境和领域，个体容易感觉到焦虑，甚至需要打破自己的生活习惯。我们需要认识到此时身体各方面已经开始走下坡路，新增加的压力会造成很大的负面影响。

（3）避开一些"烦心事"，节省自身精力。学会花钱找专业人士帮我们"息事宁人"。

（4）最关键的是睡眠充足。因为随着年龄的增长，获得高质量睡眠变得越来越难。

（5）学会科学锻炼。锻炼肌肉群经常被忽略，适当的肌肉群可以保护我们的骨骼。不要过度锻炼身体，因为可能会对身体造成永久的伤害，影响未来老年的生活。

（6）吃的方面注意补充蛋白质。这个阶段身体各方面机能下降，需要适当食补。

（7）注意身体发出的信号，提高体检频率，避免因为忙碌而忽略一些恶性疾病的前兆。

我遇到过一些这个年龄阶段的"聪明人"。我说的"聪明"，不是指"智"的部分，而是"身"的部分，这些人知道他们的精力应该放在什么地方，有两个重要方面他们做得很好：

（1）休息：他们知道抓紧时间小憩，去调整自己的身体。

（2）选择：他们会有选择地社交，把精力放在最关键的事情上。

场景38

有一次我在飞机上遇到客户公司的董事长，打过招呼，聊了几句，他就很礼貌地告诉我，他要睡一会儿。我一下就理解了，他是觉得休息一会儿比和我闲聊更重要。但后来他发现飞机上有公司的一个重要客户，在飞机飞行平稳后，他就过去坐在客户旁边，和人家聊了一路，只是在飞机起飞和降落时小睡了一下。

这位董事长就是一个会选择的人。他的聪明之处在于会根据自己的需求，把有限的精力投入在最有价值的事情上，同时也知道如何休息和调整自己的身体。

在 40~50 岁的年纪，选择比努力更重要，你要学会把精力分配到更有价值的事情上。

50 岁以上

50 岁以上的年龄阶段，是很多人的分水岭。大多数人都因为心智方程中"智"的因素尤其是记忆力的下降和"身"的方面活力的不足，在职场中开始走下坡路。在企业中工作的人，会被和比自己年轻的人作比较；而自由职业者或者专业人士，也面临与比自己年轻、精力充沛且经验丰富的人的竞争。

少数人会因为"智"的方面拥有他人无法比拟的经验的积累，"情"的方面和相关的重要决策人群建立了深度的信任关系，继续在事业跑道保持向上。

50 岁以上这个阶段，总结如下：

（1）聚焦自己擅长且喜欢的事情，做减法。从纷杂的事情中解放出来，专注于自身最具优势的方面，超越同行或者同事，是最佳选项。避免什么都做，导致精力分散。

（2）保持好奇，对新事物保持思考和洞察，对新技术和前沿知识保持敏感。尽量多和年轻人在一起，理解年轻一代的思考方式，与他们保持平等的沟通。

（3）保持对社会变化的观察和体验。很多50多岁的人容易生活在固化的人际环境中，只和相似年龄的人交往，导致逐渐与社会脱离。我认识的一位顶级企业家每天都乘坐地铁上班，尽管他有专属司机。我问他为什么要这么做，他说在地铁上可以看到社会的大全景，了解年轻人在干什么、想什么，社会发生了什么。

（4）对身体进行投入，因为内分泌水平开始下降，这个年龄段的人需要在"身"的方面进行主动干预，保持肌肉的力量和心肺功能，对膝盖、脊椎等容易磨损老化的器官加强保护和适当锻炼。

（5）抓住一切机会放松大脑，坚持自己的爱好，有独处的时间，避免出入过多的酒局。

希望我们在年过50的年纪都能成为成功的少数，那时候你会发现，在事业的跑道上，和你竞争的人越来越少，掉队的人变得越来越多。

场景39

我有一次和一位高龄企业家一起出差，他的作息习惯给了我很多启发。飞机起飞前，他会喝上一小杯酒，并且开玩笑地告诉我，这是让大脑借助酒精放松一下。果然，在飞机起飞前的滑行阶段他就睡着了。飞行平稳后，他又快速醒来把随身的文件全部都看了一遍，并做了批注，飞机快降落时，他又给自己放了一个小假，小睡了 20 分钟，直到飞机落地后才醒。他购买了一辆豪华面包车，上车后利用车内宽大的空间又休息了一下。

我遇到的很多企业家都很擅长抓住时机放松自己的身体，使自己保持敏捷的思维和恢复体力。

场景 39 中的这位高龄企业家就是抓住一切机会休息和放松自己的典范。

场景 40

我同学的父亲是一位大学教授，68 岁时还在带着博士生搞研究。他每天早上 6 点就起床为一天的工作做准备，忙到晚上也总是觉得很多工作没有做完，学生也会时不时打电话过来，问一些关于实验、资料的问题，加上还要协调一些事情，一天总是安排得很满。教授乐此不疲，看起来像一个 50 多岁的人。

有一次教授不小心把胯骨摔坏了，做完手术后躺了几个月，学校担心教授身体再出意外，于是安排教授康复后直接退休。在他退休几个月后，我再次见到他，感觉他一下苍老了十多岁。他告诉我："原来天天早晨一睁眼就想着各种事情，批改论文、验证实验数据、阅读评审材料，充满了责任感和动力。现在天天早晨睁开眼却没有事情做，没有了压力，也没那么忙碌了，人的这股劲儿就泄掉了，自然就显得老了。"后来教授又找到学校，提出想继续回来工作。

场景40这个案例充分说明了"激情"的重要性。在心智方程中，"心"是基础部分，"身"是支柱部分。激情就是"身"和"心"的组合。人一旦失去"心"的激情的部分，"身"的部分出现问题的风险会大幅提高；相反，如果身体出现问题，"心"也失去了载体。人的身心是相辅相成的。

有了心智方程的概念，我在下一章会阐述如何激发"心—智—情—身"四个方面的潜能，为个体在职场跑道上提升自我、到达顶峰做好准备。

第六章

如何打好手中的牌：玩转心智方程

调整心智，提升认知，知行合一。

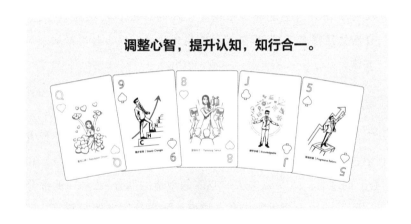

　　前面几章我就心智方程的四个方面进行了阐述，本章我重点讲述成年之后，如何通过激发、学习和聚焦，将心智方程的潜力部分通过刻意练习转化为能力，通过 PVS 胜任模型更好地选择职场跑道，并取得成功。

　　个体（"P"）心智方程的四个方面的潜力在成人后已经基本成形，那我们是否还有机会修正自己的心智方程呢？答案当然是肯定的，尤其在解决问题（智）和提升领导力（情）的方面，我们可以围绕所选择的职场跑道的价值诉求（V）来针对性提升技能（S）。无论是管理者中还是创业者中，优秀的人才都会自觉地通过终身学习和刻意练习来掌握技能（S），把自身的潜力转化为能力。

为什么晋升的总是别人

人在不同的场景下都会做出不一样的选择，决策的依据和决策速度也有非常大的差异。在关键时间节点，每个人的判断能力及冒险精神也有非常大的区别。这些差异就是个体心智方程"智—心—情—身"四个方面的不同造成的。

场景 41

我在给一家大型集团公司做领导力培训时遇到 A 和 B 两位学员，他们同属一个部门，都是 35 岁，能力也差不多。恰逢集团有一个外派到偏远地区的二级公司做项目经理的机会，上级领导希望 A 和 B 都能主动报名。A 前思后想，决定跟妻子商量一下。妻子认为自己也要上班，孩子又刚上小学，如果 A 去了外地，以后大部分时间要跟自己分居两地，家里也照顾不到，便直接表示反对。A 犹豫了 2 天后觉得还是和领导商量一下，但领导告诉他 B 已经提交了申请，公司决定派 B 去。B 在这个项目经理的岗位上兢兢业业地工作了 2 年后晋升成为这个二级公司的副总，并在 3 年任期期满后调回集团总部，填上了总部已经空缺了一段时间的部门负责人的位置，而 A 成为 B 的下属。

B 在部门负责人的岗位上工作 3 年后，原来那个二级公司的总经理退休，集团打算从总部派出一个人接任。B 因为有 3 年在这个二级公司做项目经理和副总的经验，顺理成章地被任命为这个二级公司的总经理，在 40 多岁成为"一把手"。B 利用自己在总部的关系和资源，结合本地的情况因地制宜，引进总部的投资，解决了公司的战略发展问题，使公司销售额和利润大幅增长，成为集团内的明星公司。4 年后，在集团的公开竞聘中，B 被晋升为集团负责新兴业务板块的副总裁，此时他刚好 45 岁。而此时 A 还没有到部门经理的位置。

为什么能力、背景差不多的 A 和 B 两位经理相差一两天的决策，会导致 10 年后在职业发展上如此巨大的差距？

结合心智方程，我们可以进行如下解析：

（1）A 和 B 同时看到了外派的机遇，但是 A 要考虑家人的感受，没有表现出对事业的强烈追求。

（2）B也遇到了A所面对的家庭问题，我当时和B仔细讨论了这个外派的机会是不是符合B的PVS胜任模型，B在经过思考后认为这是一个重大机遇：总部人才济济，晋升的难度非常大，他自己35岁，身体状态好，外派后可以施展才华。如果A在决策时，也能够围绕PVS胜任模型聚焦一下自己的事业发展规划，他也可能会抓住这个机会。

这种"关键决策"速度的微小差异，也就是心智方程中"智—心—情—身"的四个方面微小的差异带来的影响却是巨大的。在资本市场的博弈中，两个日常看起来区别不大的交易员，同样遇到股市大幅波动，决策速度相差1秒，最终的商业结果可能会差之千里。所以很多人会刻意练习自己的心智方程，让自己能够在遇到关键决策和选择时，更加从容地找到适合自己的坦途。

评估你手里的这副牌

下面是我设计的一个练习，我们可以把自己和周围的人心智方程中"智—心—情—身"这四个方面做一个对比（图6-1）。

（1）"智"：专业知识掌握最多、技术和解决问题能力最强的人，在"智"的方面为满分100分。

（2）"心"：志向高远、做事最认真负责、对自己的工作要求最高的人，在"心"的方面为满分100分。

（3）"情"：性格稳定、积极，擅长和不同的人打交道，擅长沟通，擅长组建高效团队的人，在"情"的方面为满分 100 分。

（4）"身"：体能最好、最具活力的人，在"身"的方面为满分 100 分。

图 6-1　转化心智方程，将潜力转化为能力

我们也可以给自己在这四个方面的状态打出一个分数，有了这四个方面的分数，再结合不同的年龄阶段进行具体分析。

20 岁左右

（1）"智"：如果你愿意集中精力学习，学习新东西的速度超过绝大多数人，可以计作满分 100 分；相反，即使你非常努力、全力以赴，但还是成绩平平，那就打 10 分。

（2）"心"：如果你认为自己来到这个世界就是要改变世界，实现自己的价值，要成为大企业家、科学家、文学家或者政治家，就给自己打个满分 100 分；相反，如果你对自己承诺的事心不在焉、拖拖拉拉，认为自己这辈子就想跟大多数人一样过平平常常的小日子，或者很少想自己存在的价值，不喜欢竞争和冒险，可以打20分。

（3）"情"：如果你擅长理解不同的人，能够轻松地把不同的人组织起来变成一个团队，经常被推荐为领头人，就给自己打满分100分；相反，如果你更愿意一个人独处，埋头干自己的事，不喜欢分享自己的知识和经验；或者和别人难以建立关系，不爱参加集体活动，几乎没有朋友，就可以打10分。

（4）"身"：如果你的身体素质好、精力充沛，总需要找些事情来干，体能可以很快恢复，可以打满分100分；相反，如果你经常生病，容易感到疲劳，即使休息也无法恢复精力，那就打10分。

通过以上的评分，你可以清晰地了解自己的优势与局限。

30 岁左右

（1）"智"：如果你的专业技能很强，超越了大多数同事，领导遇到复杂、难度大的项目或任务都愿意交给你，就可以打100分；相反，如果领导只愿意把简单的任务交给你，接手稍微复杂、有难度的任务你总是无法顺利完成，即使完成了质量也一般般，上级总是不满意，就打10分。

（2）"心"：如果你总是愿意主动为上级分担责任，愿意设立具有挑战性的目标，结果经常超预期，就给自己打100分；相反，如果你比较被动，即使面对难度不高的任务也总是拖拉，很多事情能躲就躲，认为多一事不如少一事，就给自己打 10 分。

（3）"情"：如果你和不同性格的同事都能够融洽相处，很容易和上下级及同级进行配合，具备良好的沟通能力，积极乐观，即使工作很棘手也能平和面对，即使在陌生场合遇到不熟悉的同事也能够很快建立关系，面对很多人演讲也从容不迫，就给自己打 100 分；相反，如果你和团队中很多人不能配合到一起，总是无法与他人建立信任关系，经常不理解上级的工作安排，很多事情更愿意选择自己独立完成，和陌生人在一起时总是等待对方主动和自己沟通，就给自己打 10 分。

（4）"身"：如果你精力充沛，能定期出现在健身房或有良好的运动习惯，即使在地铁上或出租车上都可以小睡休息，就给自己打 100 分；相反，如果你一加班就头疼，一天休息不好之后一周都头晕眼花，没有运动的习惯，就给自己打 10 分。

看看你的得分情况，你就可以了解在当前事业中自身的优势和局限了。

40 多岁

（1）"智"：此时你已经工作了 20 年左右，如果你在自己的专业上能力超强，公司的关键任务你是不二的承担者，勇挑大梁，猎头经常找你，同业需要专业人才时也总是先想到你，如果是自由职业者、创业者，专业能力在业内小有名气，就给自己打 100 分；相反，如果上级领导不愿意交给你复杂、需要创新的任务，甚至担心你是否具备完成常规工作的能力，你经常感觉自己学习新知识的能力明显下降，只愿意重复习惯性的、旧的做法，没有任何新的想法，就给自己打 10 分。

（2）"心"：如果你开始思考来到这个世界的目的，不再满足于赚钱养家，而是希望自己能够给社会带来价值并开始为体现价值而工作，因为你的存在，周围的人或者社会变得更好，就给自己打 100 分；相反，如果你只是满足自己的一些爱好，希望获得更多的财富，得到更多名誉，或者盼着退休，闲云野鹤地过好下半生，就给自己打 30 分。

（3）"情"：如果你可以和各种人顺利地沟通和建立信任，不会在一些对你没有价值的人身上浪费时间，擅长激励下属，理解上级的决策和要求，跨部门的横向协调资源和调动外部资源的能力也非常好，尽量通过授权和激励的方式让他人来完成具体任务，善于营造良好的团队协作气氛，就给自己打 100 分；相反，如果和不同的人共事让你头痛，人际关系总是给你造成压力和困扰，不知道如何管理情绪，宁愿自己独立完成全部事情，或者认为年龄大了不必委屈自己去迎合别人，开始我行我素，习惯单打独斗，就给自己打 10 分。

（4）"身"：如果你精力充沛、沉稳，在各种应酬中有所节制，定期健身或有良好的运动习惯，会抓紧一切机会休息和放松，抵抗力强，很少有紧张感，就给自己打 100 分；相反，如果你经常觉得自己老了，精力不够，无法集中注意力，失眠或者没有规律的作息时间，就给自己打 10 分。

通过以上的评分，你可以清晰地了解自己在当前事业中的状态，以及自己的选择是不是正确的职场道路。

50 岁左右

（1）"智"：如果你的专业能力在业内已经非常有名气，经验丰富，能够洞察发展趋势，猎头经常找你，很多公司都想把你挖走，你认为世间万物道理都是相通的，晶体智力发达，就给自己打满分 100 分；相反，如果公司在一些新任务和关键任务上已经不再考虑你，你开始不喜欢新招的年轻人，因为他们新学的知识你有些听不懂甚至不愿意去了解，对于很多新的东西你已经搞不懂也没有兴趣去弄明白，认为公司组织的培训都是在浪费时间，已经开始想是不是能办理提前退休，或者公司最好这时候裁员自己可以获得一大笔补偿，就可以给自己打 10 分。

（2）"心"：如果你对房子、车子已经不那么关注，更专注于自己喜欢的事情，更愿意为自己的理想全力投入，对自己感兴趣的新鲜事物保持热情，更愿意为社会发展或者周围的人作出贡献，更愿意和能激励自己的人在一起，开始避免各种无意义的应酬，会拿出时间做一些有价值的事，就给自己打 100 分；相反，如果你开始故步自封，总是回忆过去的好时光，找一些吃吃喝喝的事情来打发时间甚至开始抱怨，看新事物非常不顺眼，更愿意在自己熟悉的环境中重复一些常规的工作，认为一切都是运气，开始厌倦工作，开始沉迷于不良习惯，就给自己打 10 分。

（3）"情"：如果你非常重视人际交往，积累了大量人脉，在组织内部和上级、平级的关系良好、互相信任，在外部也有很多人对你非常认可，你愿意为下属的成功去协调资源和沟通，拥有良好的信任关系和口碑，协调和沟通能力强大，愿意和不同的人交往，对能够帮助你解决问题的人心存感恩并考虑如何回报人家，坚持做事要做好，做人更重要，就给自己打100分；相反，如果你在组织中，除了一起发牢骚的同事，似乎没有什么朋友，开始抱怨那些搞关系的似乎总能拿到资源，我行我素，不愿意考虑周围人的感受，就给自己打10分。

（4）"身"：如果你睡眠时间减少，自己可支配的时间越来越多，但晚上还是能快速入眠，没有什么不良嗜好，会避免透支体力，规律锻炼身体，保持充足的体能，周围的年轻人都觉得你精力更充沛，你有时间享受自己的爱好，对自己的身体非常了解，会定期体检，工作起来韧性十足，不会有什么情绪波动，做到以上的，就给自己打100分；相反，如果你不知道减少不必要的应酬，开始担心自己的身体，体检报告上会有很多超标项目，开始失眠，工作强度稍微大一点，就会觉得精力跟不上，有一些对健康不利的嗜好，没有什么健身计划，那么就给自己打10分。

针对不同年龄阶段的分析，我们先做到50多岁。我见过很多人在60岁的时候，还在努力发现自我，提升自我。通过这个练习，主要是让大家知道，我们如何去完成不同年龄段的转换，不断提升心智方程，更好地在职场跑道上前行。

发现和扩大自身优势

场景 42

我的大学同学小李留校任教后在实验室从事研究工作。他大学时的成绩并不特别突出，但对搞科研非常有兴趣，整天泡在实验室。因为大学的收入不高，很多同事离开学校去企业工作，还有人去外面讲课挣外快。小李依然每天将12小时投入到自己喜欢的研究中。30年后，小李逐渐成为学术带头人，带领博士生做技术攻关，并获得了国家科技进步奖。

像场景42中小李这样的人就属于职场上的长跑选手，他们在"智"上不断积累，能够在各个年龄段都保持自己的"初心"。

再去看很多名人，他们在30岁甚至40岁前也多是默默无闻的，但他们会不断积累，学习技能来补充自己的心智方程。其实人生就是如此，世界亿万富翁绝大多数的财富也多是在50岁后积累的。"先胖不算胖，后胖压大炕"的俗语就是这么来的吧。

每个人心智方程四个方面的潜力在刚成年时差异并不大，但这一点点差异随着时间的积累，会在实际工作场景中被放大无数倍。我们可以通过学习和刻意练习来提升自己薄弱的方面。这就是我们需要在工作场景中不断学习和提升新技能的原因。当然，你是否愿意持续地学习和发展自己，也是"心"的一部分。

场景43

我的朋友老曹提前退休后在郊区办了一个农场。他性格温和，具备很好的倾听能力。有一次我住在他的农场，听到他在严厉地斥责厨师，因为晚上清点食材和账目时，他发现大厨有浪费食材的行为，食材的损耗和账对不上。老曹于是把所有员工叫到一起开会，当面把情况说得很清楚，没有给大厨留情面，现场决定扣发工资。我和老曹认识这么多年，第一次看到他这么严肃。

第二天我和老曹提起这件事，他解释说，管理餐厅很麻烦，如果不把每个细节盯住，就会出现问题。在管理农场的初期，老曹认识到自己温和的方式无法管理好餐厅，也出现过各种状况。要经营好餐厅就需要和各种各样的人去打交道，他不得不学习和练就与不同人打交道的技能。

在经营餐厅这件事上，老曹掌握了相应的方法去管理员工，这就是用技能来应对自己的性格特质不能轻松面对的场景。

场景 43 中，当老曹面对复杂情景，是利用了自己的经验技能来解决问题。通过老曹经营餐厅的场景，我们可以看到，我们需要聚焦在自己的职场跑道上，不断修正心智方程，通过不断学习和实践来提升技能。

场景 44

我工作的公司 2006 年需要在中国举办十场新产品推介会，并且邀请了全球的几位顶级专家参加。推介会需要一位主持人，除了开场和串场，也要准备一些题材组织好现场。

公司要从我们几个主要负责人中选拔，并从外部找到一位著名商务演讲专家来给我们做培训。这次培训对我帮助很大，使得我在短短几天就有了飞速的进步：明白了如何让大多数人对自己的话题感兴趣，在观众面前呈现什么样的形象，如何构建逻辑和语言的结构，演讲的肢体语言技巧及语速的控制。

我开始时认为自己肯定是最糟糕的那个，果然在第一轮的演示过程中我表现得一塌糊涂。但第二次我拿到了最佳进步奖。在第十次的时候，我居然成为最佳演讲者。选拔过程中，在语言、逻辑、表达、肢体语言这几个方面，我都拿到了最高分。经过一段时间的刻意练习，我在这十场产品推介会上渐入佳境，终于成为一名能成功把控大场面的演讲者。

虽然现在每次遇到这样的场景我还是会紧张，"心"的方面我也并不愿意当众演讲，但如果工作上有这样的要求，我完全可以克服压力并用经验和技能来弥补自己的不足，并取得成功。

所以，刻意练习还是为了改善自己的心智方程。如果你在一个特定岗位上，岗位需要你去干一件你不擅长的事，又必须是你来完成，我们就可以去学习相应的技能，来弥补自己的不足。这就是很多成功者擅长利用刻意练习来激发潜力、提升自我的原因。

场景 45

华为的创始人任正非原来很低调，不愿意在公开场合露面，也尽量避免公开发表意见。但是 2018 年之后，任正非开始接受各路世界顶级媒体记者的采访。第一次接受采访时，任正非的表达能力还不强，第二次、第三次接受采访时，已经有了很大的改观。2019 年，在接受了上百次各种采访后，再接受采访时，任正非已经能对答如流，甚至达到顶级"外交家"的水平，其观点也引领了很多听众的思想及认知。

场景 45 就是一个典型的刻意练习的案例。

在 PVS 胜任模型中，个体的潜力就是心智方程（P）的"智—心—情—身"四个方面稳定的部分，是我们惯有的行为方式。而围绕职场跑道的价值诉求（V），我们需要不断通过刻意练习来积累经验、提升技能（S），面对每一个新的挑战，找到相应的方法，并且不断实践，使之成为自身的能力。

我在第二部分会将 PVS 胜任模型中个人心智方程的四个方面与七条职场跑道结合起来进行分析，帮助你理解每一条跑道的价值诉求（V），需要具备什么样的技能（S），进而判断哪条职场跑道适合你。

第二部分

坦途：职业发展路线图

第七章

从小白到行业专家

三百六十行，行行出状元。

成长路径

专业人士：小白→助理→独立工作→专业人士

专　　家：小白→助理→独立工作→专业人士→带助理的专家→带
领专业人士→带领不同的专家→首席专家

本章介绍的职业发展路线，是从在一个岗位上长期工作，专注于技术和经验的积累，持续学习，到成为公司专家岗位上的首选人才。根据 PVS 胜任模型，人的不同心智方程的组合（P）导致了人有不同的天赋，只要在专业岗位上（V）坚持提升技能（S），就可以在商业组织中成为某个领域的顶级专家，比如 AI 专家、数字化专家、合规专家、精益生产专家等。

个人心智方程四个方面有如下特点的个体，更容易在专家跑道上取得成功。

"心"：个人价值体系、动机方面，对某一项技术感兴趣，愿意长期投入时间，在从事与这项技术相关的工作时容易感觉到心流①状态。

"智"：从事的工作和自己的智力分布匹配。比如数字运算能力和逻辑推理能力好，在财务工作方面就有先天优势。而文字知觉速度高，记忆力好，就容易在法律等相关的工作上有优势。当然，要成为行业顶级专家，需要出众的智力因素和长期积累相结合。销售专家也一样，需要钻研产品，理解客户需求，高效建立关系，赢得信任。

"情"：自身有一定"抗压"能力，有着平稳的情绪，和团队成员有一定的协作能力。商业组织中，专家也离不开团队的协作。

---

① 心流译自英语单词 flow，由米哈里·契克森在 1975 年提出，是指人们在专注进行某种行为时所表现的心理状态。处于心流状态时，人们不愿被打扰，忘记时间，也称抗拒中断，是一种将个人精神力完全投注在某种活动上的感觉。

"身"：具备正常的身体素质水平就可以。当然，要成为顶级专家，就需要比别人有更好的身体素质。

符合以上四个方面的描述，你就基本满足了在"专家"这条职场跑道上取得成功的价值诉求（V）。剩下要做的，就是提升和积累相应的工作技能了（S）。

对于大部分人而言，事业初期都是走的"专家"这条路：有固定的工作，有一定的专业技能和经验，致力于解决公司的具体问题，比如销售代表、生产线的熟练工人、行政和财务的白领专业岗位，等等。组织需要他们成为精致的"齿轮"或"螺丝钉"，虽然没有成为组织不可或缺的人，但能够高质量地完成所有的基础工作，靠自己的专业技能换取劳动报酬，通过日积月累收获专业技能，工作和生活非常平衡。

专业人士与专家的区别

公司对专业技术岗位都有具体的知识和技能的要求，需要员工完成复杂的任务。很多人非常喜欢技术类工作，不断钻研，积累经验，寻找新的方法，结合岗位的要求，成为专业人士。就心智方程而言，他们在"情"的方面未必具备成为管理者的潜力，但在"智"的方面积累了大量的实际工作经验，能高效地解决具体问题。

专业人士的目标是"按质量完成工作"，专业人士掌握了与工作岗位相关的知识和熟练的技能，有丰富的工作经验，可以熟练利用那些已知的知识和技能完成工作任务。但在心智方程中，他们有可能在"智"的方面缺乏洞察力，或者在"心"的方面缺乏对创新的追求，导致创新不足。

而专家不一样，专家总是不断钻研和积累，创造新方法和总结经验并升华成新的技能，突破未知。专家们深度掌握知识和技能并具备创造性。社会总是有各种细分的领域，需要极富造诣的各个领域的专家；人类的进步也总是离不开各种专家创造性的推动工作。

事实上，专家和专业人士最大的区别是掌握知识的深度和底层逻辑。

一个大型的企业组织，总离不开一个风险合规专家，一群了解产品并能给客户提供解决方案的销售专家，一个IT技术专家或一个数据专家，一个人力资源专家或者政府关系专家。他们作为"行家里手"，在自己的专业领域逐渐做到小有名气，同时也是猎头群体关注的人群。因为他们到任何一家企业，都能马上在专业上独当一面，创造价值。

能走上"专家"这条道路的人，一定能够把"心"（个人兴趣）的部分和工作价值观完美结合起来，这也是少数人的最佳选择。之所以职场中绝大多数人没有成为专家，是因为耐住寂寞不是一件容易的事情。要成为专家，除了要有足够的兴趣和智力基础，还要能抵制各种诱惑，保持定力。如以下情形，就比较难以保持定力：

（1）有可能暂时这个专业没有前途，比如曾经有一句话特别流行，"造导弹的不如卖茶叶蛋的"。

（2）因为家里需要钱而想放弃专业去从事收入更高的工作或者改行。

（3）家人需要陪伴，对工作只能草草了事。

（4）面对工作中来自上级、同事的各种人情世故的干扰，过度关注别人对自己的态度，无法聚焦工作本身。

（5）经常想换工作，无法长期持续一项自己有浓厚兴趣的研究工作。

我在瑞典等北欧发达国家工作时发现，那里的年轻人很少有人有正式工作，很多人毕业后都是在社会上"不务正业"很多年，30岁左右才开始有稳定的工作，比如我原来经理的儿子小欧森。

场景46

小欧森一直想成为职业摄影师。他拍了很多作品，但靠摄影换不到足够的面包，这时候他才发现自己在这一感兴趣的职业方向上没有足够的天赋，甚至无法养活自己。

小欧森到了30岁才意识到自己无法靠从事喜欢的摄影工作在这个商业社会中生存，于是找了一个和摄影毫无关联的商业分析师的工作。虽然对做商业分析师没有那么浓的兴趣，但是为了更好的工作绩效，他不断提升专业技能，在工作上全心投入。10 年后，他已经成为出色的商业分析师，收入也不错，而且在养家糊口之外还从事着业余摄影工作。

场景 46 中的小欧森在工作岗位上具备相应的胜任能力，但因为心智方程中"心"的部分是在摄影上，所以在专家的职场跑道上他可以成为专业人士，但是无法成为顶级专家。

我在 PVS 胜任模型中提到，很多人虽然不是全身心投入工作，但也希望把工作做好。如果个体的尽责性非常高，那他可能是个很好的协作者或者高效执行者，这样经过日积月累，也可以成为专家。

如果你想成为顶级专家，就要在 PVS 胜任模型的心智方程（P）部分进行很好的评估，同时深刻理解专家跑道的价值诉求（V），并在专业能力（S）上进行长期投入。有强烈的意愿通过自己的专业技能解决问题、产生价值，这就是个人贡献者的典型工作价值观。

尤其在 PVS 胜任模型的"S"部分，你需要不断在专业技能上积累经验，有强大的解决问题的技能，做到熟能生巧。

社会上有一部分人不愿意不断提升自己的知识水平，工作表现平庸，只是随波逐流；有的人则频繁更换专业，因为没有足够的积累，最后技能也得不到提升，无法突破平均水平，很容易失去工作；还有一些人总期望去做管理工作，认为做到管理者才能在收入上有"立竿见影"的改善，反而丧失了专业上的投入。以上这些情况都阻碍了个体在"专家"这个职场道路上的成长。

如何成为专家

如果你的心智方程（P）中，智力因素和价值体系与"专家"跑道的价值诉求（V）有强关联，那么恭喜你，你极可能成为顶级专家（图7-1）。当然，耐得住寂寞是个永恒的话题，所有人在专家这条职场跑道的初期都是小白，就像雏鹰一样，需要经过刻意练习，才能成长为雄鹰。

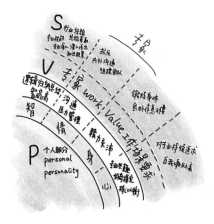

图 7-1　专家的 PVS 胜任模型

这里提到的专家，未必限于技术和研发领域，财务、销售、质量体系、专项法规等专业领域都盛产专家的岗位。

企业组织内，专家的职场跑道包括以下几个阶段：

（1）"小白"：哪怕博士毕业，在公司的职业场景中，就如何将基础知识和技术应用到产品、销售、市场、法律实践、财务实践、组织体系等的上面，也需要一个认识的过程。所以刚刚来到专业岗位上的人，基本都是"小白"。

（2）初级岗位：一般经过6个月到1年的时间，你可以独立完成一些简单的工作。1年到3年的时间，你可以成为岗位上的中流砥柱，保质保量独立完成工作任务。

（3）中级岗位：通过几年的积累，在负责的工作任务上有足够的经验，并且不断优化完成具体工作任务的方法；有一些自己的想法，并通过在实践中进行验证使之成为自己的高效工作方法，能够解决一些复杂的问题。

（4）高级岗位：经过10年以上的工作经验积累，不断探索，在遇到专业上的问题时能够找到解决的方法，取得相应的工作成果，并且转化为公司标准化的工作方法和流程。

（5）首席专家：首席专家是在公司组织内，在自己负责的领域，解决问题的第一负责人。他们是在公司遇到新的业务问题、需要创新时，能够拿出综合解决方案的人，如法务专家、新产品结构设计专家、焊接专家、系统流程专家、薪酬绩效专家等。

在企业组织内，绝大多数情况下，并不都需要这么顶级的专家，而是根据职场跑道和岗位，做到"三百六十行，行行出状元"。

场景47

在一次活动中，我邀请了宝马汽车公司的一位顶级金牌销售郝经理来做分享。郝经理在五线城市高中毕业，参加工作后一直考虑如何能够快一些拥有更美好的人生。他在PVS胜任模型中，分析了自己的心智方程，觉得自己"情"的方面非常强大，"智"的方面包括学历无法胜任对专业知识要求高的岗位，所以在职场跑道（V）中选择了从事销售工作。那么，该选择哪个行业呢？他发现当时很多富裕家庭都开始买车，他个人也对汽车有浓厚的兴趣（心），同时做好汽车销售工作可以快速获得较高收入，于是决定进军汽车行业。

郝经理得到了一个省会城市豪华汽车展厅的实习销售工作后，第一个销售线索是1万个每月话费超过200元的手机号码清单。他与其他同事在展厅接待客户的机会是公平的，剩下的机会就是打电话给这1万个人。他发现生意人大都比较喜欢好记的电话号码，于是花钱买了1个好记的手机号码，但1000个电话打下来只有几十个人感兴趣。

郝经理入职后的前3个月没有什么业绩，他开始怀疑自己能否在汽车销售领域生存下来。这时候省会城市有一个大型车展，郝经理认为这是最后一次机会，他打电话约了原来有意向的客户来展台现场购车，并告知他们会有特殊礼品和优惠。

同时，他研究了参观车展的人，制定了"三个不接待"原则：不接待拿着照相机的人，那是来拍车模的；不接待拿着很多宣传单的人，那是汽车爱好者；不接待拿着非竞品资料的人，因为都不是自己品牌的潜在客户。这样，他集中接待了一些有明确购买意向的潜在客户。

公司在3天的车展中一共成交了23辆车，其中郝经理一个人成交了12辆，占了全部成交量的一半。

郝经理很快就成了金牌销售，他不像其他销售代表那样用千篇一律的标准接待顾客，而是会观察每个进门的潜在顾客，猜测他们来展厅的目的，看他们关注什么车，穿戴打扮有什么特点，会对什么车感兴趣，然后对不同的人采取不同的办法。

工作5年以后，郝经理已经成为中国区的销售冠军，开始帮助公司挑选和培训销售人员。但他发现自己并不擅长培训他人，他对客户敏锐的观察能力和广泛的知识是没有天赋的人无法学会的，他更喜欢在展厅中做"超级销售专家"。

每种职业都会有顶级专家出现，我们看看场景47中郝经理的 PVS 胜任模型。

"心"的方面：对车有兴趣，有很强的成交欲望，能把潜在消费者转变为自己的客户，每次成交他想的并不是能得到多少奖金，而是会感受到为合适的人匹配到合适的车的快感。

"智"的方面：郝经理不仅对汽车性能、设计等相关知识比较了解，对和车相关的消费品也都很熟悉。他经常浏览各类时尚杂志和论坛，关注各个豪华汽车品牌和其他时尚品牌的搭配。他也会观察那些成功人士和时尚达人的消费观念，把身材高挑健壮、皮肤白皙、戴运动款奢侈腕表的人定位为敞篷车和高性能车的潜在消费者，把那些低调、斯文、40岁左右的来访者定位为高端 SUV（运动型多用途汽车）的潜在客户。

"情"的方面：郝经理可以安静地倾听客户，知道什么时候讲什么话；也会及时做出判断，知道哪类消费者一看就可以马上决定，哪类消费者需要多看几次才能最终决定，什么样的人喜欢高性能版，什么人是限量版的"颜值控"。

"身"的方面：郝经理精力充沛，非常勤奋，也很会管理时间，知道把时间留给最有可能成交的客户。

郝经理的例子说明了很多商业公司寻找的销售天才，就是像他这样在销售方面具有天赋的人，郝经理就是顶级豪华车销售专家。

规模型企业组织中各个岗位上都需要专家，其核心竞争力就是各个细分岗位上的几十个专家。

汶川地震中，一家著名设备制造公司遭受重大损失。在国家的支持下，这家公司开始进行灾后重建，公司搬到新的工业区，建造了新的厂房，配置了更先进的设备，拿到了几个大型订单。这家公司评估了自己的人才资源和能力，感觉没有受到什么影响，核心的高级技术人员都在。在后面开展生产工作时，一个重要零件的加工精度怎么也达不到要求，但在地震前这个零件的生产从来没有遇到过问题。经过调查发现，原来是操作加工设备的人发生了改变，原来的两个老工人一个在地震中受伤离开了公司，另外一个在地震后退休，被子女接到上海生活，暂时无法联系上。如果因为这个关键零件导致整个项目合同延期，公司将面临数百万美元的罚款，最后公司只能找到原始设备供应商花费十几万美元借来两名经验丰富的工程师才解决了问题。

商业组织在日常的运营中，各个岗位都离不开这样的专业人士，他们虽然不是类似研发副总裁、总工程师这样的"大专家"，但他们的作用也是不能忽略的。这些专业技术人员支撑了企业组织日常的运营效率。

如何成为顶级专家

20世纪90年代，我和一个商务代表团去法国出差，一位可以被称为顶级专家的院士给我留下了深刻印象。

场景 48

代表团团长让我全程陪伴一位年龄比较大的院士。我们在法国一家世界级电力设备公司就三峡发电机组的技术进行了交流。这位院士总是能够在关键时刻一五一十地把很多数据逻辑讲清楚，他甚至记得欧洲20世纪70年代一项水电工程的一个具体参数，对水电发展的前瞻技术和世界经典项目也都如数家珍。

这家法国公司的总部坐落在阿尔卑斯山山脚下，我们趁下午的空闲时间顺路去附近游览。大家坐上大巴车后注意力全部集中在要去游览的景点上，谈论着各种轻松的话题。院士坐在我的旁边很安静地翻阅着在会谈期间记的笔记，丝毫没有受到影响，一边看，一边做一些简单的批注。当他合上笔记本后，很自然地加入了大家的闲谈中，在景点和大家一样开心地游览。

晚上我和院士住一个房间，院士又打开笔记本看了半个多小时当天交流的内容。第二天早晨因为时差的关系，我睡醒时是当地时间凌晨3点多，一看院士不知道什么时候已经起来了，在笔记本上记着什么。

在与院士同吃同住的15天里，我发现院士身上有很多厉害之处。他非常擅长及时将新的知识跟自己已有的知识结合起来并且不断反思，促成知识体系的迭代和进化。他有非常强的好奇心，对新兴事物非常感兴趣。

周日，团长开始带着代表团进行总结，遇到关键问题，大家的目光都会投向院士，院士会经常翻看自己笔记本上的记录和总结，总结会上的发言总是能起到画龙点睛的作用。

通过场景48，我们可以分析一下院士作为顶级专家的心智方程。

"智"的方面：

（1）复盘：在掌握新的信息后很快补充到自己的知识体系；结合以往的经验，进行总结归纳，变成自己的长期知识积累（晶体智力）。

（2）时间管理：在流体智力下降的情况下，及时将新的信息通过短期重复记忆，转化为长期记忆。

（3）不会盲目行动：先观察思考找到规律，再采取行动；做就要做到极致。

"心"的方面：

院士非常清楚最重要的是什么，他喜欢钻研，感兴趣的是技术和底层逻辑。

"情"的方面：

这位院士社交能力非常好，可以和大家一起聊风景、娱乐。

每次会议，这位院士在倾听大家意见的基础上，总是理性客观，客气之外更是表达直接，效率很高。他经常说的话是："我还有几个数据需要再计算一下，才能最终确定。""我个人的观点是……"代表团每个人对这位院士的印象都非常好。同时，院士在复杂的人际环境中表现出沉稳的性格特点，面对级别很高的领导也能淡然笃定；在沟通时，会先倾听对方的观点，在遇到同行挑战时，也是泰然处之。

我们通过院士的表现来理解他的个人心智方程，会发现其成为顶级专家有其必然性。

专注于自己喜欢的事情

我遇到的一些专业人士都很是专注于自己喜欢的事情，对于商业变现和赚钱并不是那么看重。随着社会发展，大众对成功人生的定义已经逐渐变成，一个人有幸福快乐的生活又不给别人添麻烦，有自己的爱好和能养活自己的工作和职业，这也将会成为更多人的选择。

我的前同事刘师傅业余时间喜欢修理自行车，他在20世纪90年代下岗后在自家小区开了一个自行车修理铺。他并不善于和人打交道，修车也是一口价，每天上午10点开张，下午6点休息，从不加班，没有助理，一直都是一个人干，但因为手艺好，慢慢也积攒了一些名气。后来，他开始专门修理各类专业自行车，名气也越来越大，有时找他修车都要提前预约。他从来没有把修车当成谋生的手段，反而成了顶级的自行车修理专家。

时代在变化，Z世代这一代人更愿意为自己的兴趣而工作，他们大多追求多样化的工作体验，未必那么忠诚于企业和岗位，而是更重视个人的价值体验。霍尔（Hal）先生在1976年提出了多变性职业生涯（protean career）的概念。这个概念提出的时代背景是，在新的竞争环境中，企业无法给员工提供长期的就业保障，而员工也不再遵循传统的企业内部的升迁规则，不再对某一企业保持高忠诚度，而是根据自己的兴趣和价值体系的变化自主更换工作。他们会保持一定的专业能力，但也不想成为顶级专家，只是利用自身的专业技能满足工作的要求。这是专注于自己喜欢的事情的另外一种方式。

不管是成为某个领域的顶级专家，还是选择多变性的职业生涯，个体都是专注于自己喜欢的事情。兴趣是最好的老师，也最能让我们收获价值和意义，于职业生涯而言，也是极为重要的。

跨越"专家"跑道的"陷阱"

根据统计，绝大多数亿万富翁的财富都是50岁以后才开始积累的。我不知道具体比例，但判断一个人是否真正成功，标准是看他取得的成绩是昙花一现还是能长期、持久地保持，这个规律对于专家的职场跑道同样适用。

大多数人会在50岁左右到达职业生涯的巅峰。专家职业生涯抛物线在 50 岁左右到达顶峰，50 岁之后开始快速下降，如图 7-2 所示。

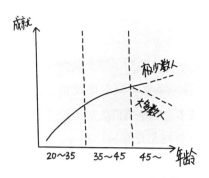

图 7-2 专家职业生涯抛物线

针对专家跑道，结合对 PVS 胜任模型和个人心智方程的分析，我认为有三个主要因素导致了很多人无法到达职业巅峰。

（1）"心"的下降：开放性和好奇心下降，个体开始喜欢重复现有方法和经验，甚至留恋"过去的好时光"；成就动机发生变化，年轻时豪情万丈，随着年龄增长越来越现实，失去志向和梦想；不愿意放弃已经拥有的，不愿意为适应未来发展所需的技能进行投资；追求财富、名誉等外部激励。

（2）"智"的下降：40 岁后，很多人的流体智力开始出现明显下滑，记忆力下降，不喜欢需要动脑筋的事情和新的工具方法，喜欢重复旧的做法和经验。一些人的晶体智力也开始下降，不愿意去理解事物背后的逻辑和探究行业发展方向。

（3）"情"的方面：过度相信人情的作用，开始把关注的重点放在人际关系上，而不是提升自身的专业能力；在沟通中以自我为中心，缺乏倾听能力；不关注团队，只关注自己。

如果你有以上三个方面的部分或者全部的特征，就要评估自己是否能成为顶级专家。

在专家的职场跑道，我们一定要做到以下几点：

（1）持续学习，探究掌握底层逻辑：结合已有的知识和经验，去洞察新技术、新事物产生的底层逻辑。

（2）聚焦：把时间花在和岗位相关、自身有兴趣且自己认为有价值的事情上。忽略企业组织内部的人际关系、别人怎么看自己等外部激励。

（3）在自己擅长的工作上，工作能力能够轻松超越同事。

（4）了解自己周围的人，争取和更高水平的人一起工作。

（5）有志同道合的同事，团队成员互相了解、互相支持，有默契。

（6）拥有一些"独门绝技"。

（7）不仅有职业声誉，还有外部资源，能得到行业价值链相关人员的认可和信任。

（8）会经常被邀请去一些专业论坛发言，或者做专业评审工作。

如果在专业岗位上工作很长时间后，以上八个方面的评估结果都不理想，那你可能已经到了"专家"跑道抛物线的顶端，或者遭遇了职业倦怠。

职业倦怠和独立咨询师的艰辛

很多 45 岁后的高级专家找我做咨询，想离开企业组织换独立性强的工作，实现人生的"第二曲线"。这些高级专家在公司组织内是非常专业的，擅长解决问题；但二三十年从事一项专业工作容易产生职业倦怠，他们总是希望工作能有些新意和改变，希望换个新环境。

场景 49

老李今年 46 岁，在一家有影响力的跨国公司负责精益生产和流程优化。通过 20 年的努力，他从质量体系工程师成长为精益生产专家。公司全球总部研发了一套全新的精益生产体系，老李是中国区的执行者。

这个体系是行业内最先进的，行业内的一些顶级论坛经常会邀请老李做分享。老李分享的效果也非常好，还有一些行业内的专业机构约老李写一些专业性的文章。

老李发现这方面的行业需求很旺盛。想到自己天天忙于日常的一些执行性的工作，公司已经没有什么新东西了，他渐渐对工作产生了厌倦，每次外出分享收获的快感也会在现实工作中消失。

这时，有几家咨询公司希望老李加入，成为专业咨询人士。几家公司给的条件差不多，都是基本工资不高，但项目的奖金非常丰厚，如果每年有几个项目，收入会比他现在要高，而且工作时间非常灵活。一年内如果100天做项目，100天学习和准备项目，还有100多天可以休息。老李经过对比和慎重考虑，离开了工作多年的公司，选择了一家中型咨询公司，开始了咨询顾问的工作。开始时，咨询工作让老李非常兴奋，过了半年，新工作带来的新鲜和兴奋渐渐退去之后，老李发现咨询顾问的工作跟他想象的还是有很大区别的。

（1）老李发现自己的支出明显增加了，资深专家的形象非常重要，一套"行头"价格不菲，但因为要常常出入高档场所谈业务，老李觉得这方面的投资总是需要的。

（2）虽然工作时间灵活，但因为客户需求不同，需要多次和客户沟通需求，修改课件资料等，很费时间。

（3）有的企业基础非常薄弱，对咨询成果的要求却非常高。

（4）客户都想花小钱办大事，拿到项目不是那么容易，因为总有人价格更低。

（5）很多时候，客户只是想通过项目招标要求咨询公司拿出方案，自己再从中提取经验和想法，并不是真的要花钱购买咨询服务。

（6）同事都在忙自己的项目，很少有真正交流的机会，而且经常出现"内部争抢资源，外部抢夺客户"的情况。老李在之前的企业工作时，内部的信任关系和协作能力非常好，这种协作在咨询公司看不到。

（7）最重要的是，老李发现咨询工作"收钱"并不容易，免费分享自己的知识很容易，但很难让客户拿真金白银买单。

（8）咨询公司的淘汰率很高，如果一年没有稳定的业绩，很容易被淘汰。

咨询顾问的一切美好都是"雾里看花"，这让他想起"城里的老鼠和乡下老鼠"的故事。在"体面"的资深咨询顾问的岗位工作一年多以后，管理合伙人评估了老李的工作，他的业绩未达标，不得不选择离开。

之后，老李发现因为自己年龄大了，重新找工作非常不容易，大部分企业连面试的机会都不给。即使有机会面试，老李也发现各个公司的技术特点还是有很多区别的，自己的经验未必适用。

于是，老李开始提前享受自己的退休生活，好在原来他有一定积蓄。过了几年，老李听说老东家人事变动，原来的下属被晋升为中国区负责系统流程的副总裁，如果当时他不离开，这个位置肯定是他的。

结合场景49中老李的案例，我真心建议每个高级专家都要慎重选择，找到适合自己的公司。一般遇到来找我咨询的人，我会建议他们对自己进行评估，大部分专家到了全新的环境，都可能会出现专业技术和岗位不匹配的情况。比如，工作流程和要求变了，没有了长期协作的"老同事"，年龄较大导致学习能力（流体智力）下降等。企业一般都会要求外部招聘来的专家在短期内拿出成果，如果做不到，就会导致老公司回不去、新公司无法生存的尴尬处境，甚至导致"提前退休"。场景49里面的老李就是一个非常典型的例子。

我的建议是不要轻易从规模型企业辞职出来做独立的咨询工作，咨询工作非常有挑战性，即使有在规模型企业做专家的经验，也未必能做得好。

真正的专家不怕被 AI 替代

俗话说"真金不怕火炼"，社会需要大量的专业人士。以下这些职业场景是我认为暂时不会被 AI 所替代的：

（1）社区服务。人类需要来自他人的关怀，物质生活水平的提高使得个体对居住环境和社区的要求越来越高，对人文关怀的需求也越来越多。

（2）医院等医疗机构中大量人文关怀相关的岗位。

（3）教师和教育系统。对下一代的教育离不开价值观、愿景等理想信念教育，这个 AI 也无法替代。

（4）拥有一定技能的独立工作者，比如律师、会计师、心理咨询师。这些职业都是生活中必需的，从事时间越长，技能和客户也就积累得越多。

其他还有很多暂时不会被 AI 替代的工作，但未来对选择"专家"这个跑道的个体的要求会越来越多：

（1）丰富的经验让专家具备根据商业场景找到最佳解决方案的能力，要学会让 AI 根据你的方案执行具体的工作。

（2）组织能力和基于情商的领导力。专家需要重视自己的领导力，懂得如何影响并与组织的核心决策层建立信任关系，如何高质量地与团队沟通或者进行跨部门沟通等。

（3）商业预判能力。股票和债券交易所很早就开始用量化计算自动交易了，但量化模型和预判模型离不开顶级专家的交易经验，以及对各种信息数据的长时间的积累。

（4）懂得如何提升效率，变得不容易被替代。

（5）成为应用技术的管理者，学习如何利用 AI。

对于"专家"跑道的阐述就到这里，如果你觉得做专家不过瘾，经常受制于公司的各种要求，下面的章节我会通过分析告诉你，你适不适合做管理者，甚至成为"一把手"和"总裁"，或者你适不适合创业。创业是永远都不会被 AI 替代的职场跑道。

第八章

成为高级管理者

成为关键的少数。

成长路径:

　　专业岗位→带团队→部门内轮岗→带多个专业团队的
总监→跨公司轮岗→副总裁

　　规模型企业的管理者占员工总数的大约 20%,其中 15% 左
右是初级管理者,2%~5% 是中层管理者,核心副总裁以上的高

级管理者一般在 10 个人上下。

中高级管理者是企业的"关键的少数"。很多人随着工作经验和人际信任关系的积累，会成为规模型企业的中层经理或总监，即关键业务团队管理者或者多团队管理者，但总监可能就是多数人职业发展的终点，后面很难再继续晋升，这种现象我们称作"中层陷阱"。中层陷阱甚至是大多数人在晋升过程中都会遇到的问题。在实际工作中我发现很多中层管理者虽然任务完成得非常好，但是他们的心智方程有明显的缺陷，参照图 8-1。

（1）智的方面：缺乏对商业的洞察力，无法理解上级的管理场景。

（2）心的方面：保守，不愿意主动去做更有挑战的事情。

（3）情的方面：无法和更高层级的管理者建立信任关系，也就是在正式沟通之外，还要花时间建立非正式的个人关系。

（4）身的方面：精力不足，或者不愿意继续投入了。

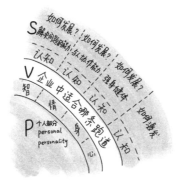

图 8-1　管理者的 PVS 胜任模型

也有一小部分人可以突破中层陷阱成为副总裁，但"成为副总裁"有时候也是绝大部分个体职业生涯的终点，那他们为什么没有机会成为"总裁"呢？我们结合PVS胜任模型做一个简单的分析。

　　"P"的部分：个人心智方程在"心"的方面缺乏足够动力，或者在"情"的方面缺乏刘备式的领导力，不能容下类似诸葛亮等不同专业的牛人（其他副总裁）。

　　"V"的部分：在规模型企业职场晋升的跑道上，能够快速理解各个层级的工作价值，完成从专家到管理者的工作价值观的转变，能深度理解副总裁岗位的工作价值观，但缺乏对"一把手"岗位的价值诉求和场景的理解。

　　"S"的部分：专业能力强大，但缺乏理解各个职能模块的综合能力，比如财务副总裁可能对主营业务缺乏深度商业洞察力，或者对生产—供应链相关的领域非常陌生，对企业文化等方面不够敏感，或者长期缺乏对财务以外其他部门的关注和兴趣，在沟通中不太善于搞定董事会，缺乏对外部资源的综合领导力，等等，而这些却是"一把手"必需的。

　　因此，在第九章中，我把决策者即"一把手"单独拿出来列了一条职场跑道。决策者是一个非常特殊的岗位，这个岗位的PVS胜任模型有着和中高层管理者完全不一样的要求。关于"一把手"的成长路径，我会在第九章中进行阐述。本章主要解读如何成为副总裁。

从个人贡献者晋升为管理者

要想从普通员工快速晋升到管理者，首先要选好企业。通常适合的企业有三个特征：

（1）管理者以内部晋升为主，外部招聘为辅。

（2）企业有良好的价值观和科学的选拔标准，选拔机制侧重德才兼备。

（3）主营业务在行业周期的初创期或增长期，企业处于扩张期。

前面两点对应企业的晋升机制，是在应聘的时候就应该了解的。个体刚进入一家企业时，通常会从事某项专业工作，成为个人贡献者。几年之后，从"小白"成长为专业而绩效稳定的"老手"，如果能同时表现出强大的沟通和协调能力，在得到上级和企业的认可后，通常可以抓住晋升机会成为一线经理，完成从个人贡献者到团队经理的转型。在一线经理岗位经过几年的磨炼，个体所带团队绩效优异并具备团队领导力，有了这个基础，当企业中层出现岗位空缺时，再次抓住内部晋升机会，就有可能成为中层管理者，开始带领多个团队。

在这个过程中，选择企业非常重要。快速发展的企业在缺乏管理者的情况下通常会尽可能从内部选拔，如果你熟悉业务、经验丰富，又取得了上级和公司的信任，跨部门协作也很顺畅，一直主动学习，伴随企业成长，就很容易成为中层管理者，也就是公司关键的少数。所以处于初创期、快速发展的公司是"有追求的人"的一条职场坦途，我早年接触的互联网公司、新能源行业公司、AI 公司等快速发展的公司很多高级经理人都非常年轻。

在从职场新人进阶到中层管理者的过程中，第一次晋升最关键，即从个人贡献者转型为带领团队的人，两者的要求对比如表 8-1 所示。

表 8-1 个人贡献者与团队领导者要求对比

	个人贡献者	团队领导者
工作价值观	通过专业能力交付高质量工作	通过团队完成任务 团队综合能力提升 下属的成功
时间管理	日常纪律（上下班） 按时完成自己负责的任务	团队的工作计划 管理团队，目标管理 发展下属 工作跟进业务及汇报 团队绩效管理
技能	专业技术或能力 团队协作和沟通，完成工作任务 应用公司工具、流程和程序要求	团队目标和目标分解 工作计划（项目，预算） 工作设计（人员，分工） 委派和授权 下属的辅导和工作反馈 绩效管理和绩效改进 评估和激励下属 招聘和选拔 团队气氛建设和敬业

个体必须在个人贡献者的岗位上有卓越的绩效表现，并且

个人的心智方程符合团队领导者的要求，才有机会晋升为团队经理。在个人贡献者阶段，个体需要有以下表现：

（1）"智"：解决问题方面，从有能力到卓越。

（2）"心"：正直，能获得上级和同事的信任，希望同事都能在工作中取得成功。

（3）"情"：与上级或者其他部门的沟通比较顺畅，和同事关系都不错。

（4）"身"：有潜力承担更多的责任。

达到以上心智方程要求后，个体会相对容易成为团队领导者。但需要注意的是，成为团队管理者未必是一条坦途，也可能第七章阐述的"专家"路径更适合你。

能够带领一个团队，并且能把团队带到兵强马壮，就为成为带领多个团队的中高层管理者做好了准备。

中层管理者需要具备全新的技能，如表8-2所示。

表8-2　中层管理者需要具备的技能

	领导技能	解释
领导团队	战略理解	掌握基本的战略理论框架，结合实际工作理解公司的战略
	最优解决方案	擅长利用工作经验，帮助上级围绕目标找到最佳任务解决方案
	开发和执行运用计划	将目标分解给下属不同的团队，建立年度甚至2~3年的具体运营计划

	领导技能	解释
领导团队	边界管理和资源配置	下属团队的分工和协作，清晰的责权利，并为下级的目标和工作配置资源
	优化组织	发现更好的团队分工方式，不断优化和提升组织效率
	选拔团队经理	根据心智方程，选拔有管理潜质的下属成为团队经理
	评估和提升下属团队经理的绩效	通过评估，让下属经理提升自我认知，改进下属团队经理的领导力，改善下属的绩效
	教练和发展领导者	掌握各种辅导技术，包括教练技术，激发和提升下属经理的潜能

成为高级管理者

中层管理者晋升的下一步是成为高级管理者，做主要部门的负责人或管理多个部门的副总裁。实现这一转换并不容易，在这个岗位上取得持续的成功更不容易。

场景50

小付原来是一家工厂的研发工程师，20世纪90年代，他应聘成为一家外资企业的销售工程师。因为有技术基础，几年后，小付的业绩排到团队第一位，后来又被晋升为地区销售经理。他不仅自己懂业务，还能帮助团队成员做好业绩，团队整体绩效非常好。后来，公司大区经理的位置出现空缺，领导在考虑了几个地区经理后，觉得小付既懂业务又能带团队，平时和其他部门的沟通也不错，就决定由小付继任。后面负责销售的执行副总裁晋升为总裁后，公司在寻找新的继任人时，考虑到小付一直伴随公司成长，对公司内部各个部门也都很熟悉，于是也选择了小付。

过了两年，小付逐渐感觉力不从心。公司对副总裁的期望不是简简单单完成销售任务就行了，还要对未来进行规划。由于新兴企业多采用数字化的在线销售方式，成本低、客群覆盖广，所以公司需要小付拿出整体数字化销售解决方案。小付突然发现自己没有储备胜任销售副总裁的能力，在复杂多变的商业环境中无法拿出立竿见影的数字化营销解决方案。正因如此，公司甚至希望小付能提前退休，因为这个年龄的小付已经变成了"老付"，"老付"变得比较"贵"，又无法面对新的市场变化，不能给出提升效率的内部变革方案。于是，公司找到"老付"，希望他做公司的内部高级顾问。更甚者，其他公司的"老付"还有被退休或者被迫离开的。

在人才测评的工作中，我经常要面对场景50的情况。大部分人做到资深总监（中层）已经是职业生涯的顶点，即使有机会做到副总裁，也可能会因为不能胜任而被淘汰。在场景 50 中，虽然小付能力很强，可以胜任大区经理的职位，但大区经理和副总裁 PVS 胜任模型的要求有所差异，因此小付未必能胜任副总裁的职位。如果遇到公司调整业务或战略，脱离了熟悉的业务场景，他就很可能会因为缺乏商业洞察力和新的技能而被淘汰。

内部晋升还是外部寻找机会

1969 年，劳伦斯·彼得（Laurence J. Peter）出版了《彼得原理》一书，其核心观点是：在层级组织中，每个员工都可能晋升到不胜任的层级。这时候就会出现另外一种情况，就是跳槽。个体胜任一个层级后，如果发现内部没有晋升机会，就可能会到行业内其他公司甚至一些新兴产业寻找。当然，跳槽也有风险，个体需要快速融入新公司的文化，和公司的决策者等上、下级和平级快速建立信任。我认为，这种到外部寻找机会的跳槽，促使个体必须不断学习，对于个体的心智方程是一次考验，尤其是心智方程中"情"的部分，个体需要重新与他人建立关系，提高在陌生人际环境中的适应性。同时，在"智"的方面，必须体现出解决问题的硬核实力。

当然，到外部寻找机会和内部晋升的道路是有明显区别的，对于个体的能力也有不同的要求：

（1）胜任新层级的能力：到外部寻找机会的人，在这方面会有意识地提高自己，通过观察和反思不断提升自己的专业能力和领导力。在内部等待晋升机会的个体，在这一方面相对而言可能缺乏动力。

（2）人际关系：外聘的管理者进入公司的初期会质疑现状，总能看到企业和组织不够完善的地方，因此，想要快速赢得周围同事、团队的支持，融入组织文化，给出具有说服力的商业结果，是非常具有挑战性的。在内部等待晋升的管理者既有优势也有局限。优势是与同事很熟悉，容易得到认可，但这一优势同时也是局限，因为原来的同事变成了下属，在新的岗位领导老同事也很考验个体的能力。如何融入原来上级的群体，如何在新岗位上把团队带领到更高的水平也富有挑战性，因为原来的老方法在新的层级上是失效的，"走老路，到不了新地方"。

（3）新目标，新办法：外聘的管理者，可以结合自己的经验和公司的管理实际进行创新，按照公司的要求并结合自己积累的经验来完成业务目标，不必采用公司固有的方式方法。如果方法得当，就能取得成功。当然，也可能有相反的情况，新方法无效，导致失败。公司内部晋升的管理者如果无法结合自己的经验，大胆追求更高层级的目标，实现突破，有可能晋升后表现也只是中规中矩。如果不能在业务上发现新的方法，或者过于考虑人情世故，不能按照高层级岗位的要求去调整，这个内部晋升就是失败的。

综上，内部晋升是大多数人的主要晋升路径。当然，这里也要提醒大家，内部晋升有时候也会让我们失去真正的竞争力。因为在内部，很多晋升是因为"人际关系"，你会习惯于固定的人际关系和对具体工作的经验。只有轮岗到全新的岗位甚至更换公司时，才会迫使你展示出自己的硬核技能和领导力。

什么样的人更容易成为副总裁

我在EMBA教授领导力课程时，面对的学员很多都是规模型企业的总监级管理者，他们希望自己能够突破职业发展的瓶颈。因为很多公司副总裁级别的管理者都不是由内部晋升而来的，决策者通常会在公开市场上寻找能力和岗位经验更佳的副总裁。

就个人的体验而言，我觉得做到规模型企业的副总裁是个体职业发展的最佳跑道之一。副总裁是心智方程中综合能力超群的一个群体。这时候有读者可能会问，为什么说管理者职场跑道的终点是副总裁，那还有机会切换到总裁的职场跑道吗？这个问题我会在第九章详细回答，此处不再展开。

我在规模型企业工作的近20年中，担任过很多不同的职位，如果可以再从头来过，我会更愿意做副总裁：负责战略、销售或者市场方向，一直干到退休，不用承担像"一把手"岗位那么多的责任；退休后还可以成为帮公司培训业务负责人或销售人才的专家，或者做公司的战略和市场顾问。

副总裁的职场跑道是管理者的一个顶点。一家规模型企业的副总裁是一个专业、收入高、好找新工作的岗位，人才市场上很多人都趋之若鹜。

首席财务官、供应链副总裁等，都是相关领域的专家，又有丰富的带领多个团队的经验。比如，首席财务官最早可能只是一个成本会计，后来掌握了成本核算、预算等财务专业知识，开始和银行打交道，知道如何平衡短期借贷和长期的资金安排，又掌握了上市公司的财务管理和各种财务报表的工具方法，于是从一个财务部职员晋升为一个财务模块的负责人，然后晋升到负责多个财务模块的财务经理，再到分管财务或者分管采购和投资融资的副总经理，成为首席财务官。前文提到的陆总（场景40）就是在一个行业的业务领域，经历了做业务、带团队后又带领全国的业务团队的过程，在行业内摸爬滚打20年，各方面的经验都很丰富。

所以，能做到副总裁这个级别的群体有以下共同的优势：

（1）专业能力强大，基本都是在专业领域打拼了十几年以上，同时有丰富的行业商业经验，是猎头重点关注的人群。

（2）管理团队的能力强大，基本都是最初在一线工作，一步步晋升而来的。

我对很多EMBA学员职场跑道的建议就是成为副总裁，这对于很多人来说确实是一条坦途。下面这个案例可以帮助我们理解副总裁这个职场跑道。

场景51

20世纪90年代，我代表一家外资企业和一家快速发展的中国工程机械厂家S公司开始合作。作为销售工程师，我和S公司研发部门的设计工程师匡工联系，我们年龄相仿，工作之余也会交换各种行业发展的信息，讨论一些社会热点问题，逐渐成了好朋友。

后来我开始带业务团队，改由我的下属具体负责S公司的业务，我只在需要签署长期战略合作协议或者巡回拜访客户时才会拜访S公司。匡工也成了核心的研发经理，我们保持着很好的私人友谊。

再后来，我成了公司负责全国业务的销售总经理，匡工也成为S公司的执行副总裁。S公司伴随中国经济的发展成为世界级的公司。2008年经济危机，很多公司都遇到很大的问题，S公司也受到影响无法正常付款。我前往S公司催账，此时匡总已经身居高位，按照正常流程我是无法见到他的。我约了S公司负责采购的总监商谈付款事宜，在S公司总部大楼的走廊上巧遇了匡总。他很热情地招呼我到他的办公室，这时候的匡总已经成为执行总裁。了解了我此行的目的，匡总很快做出了指示。

很多副总裁在自己的专业领域打拼多年，不仅具备很强的工作能力和丰富的行业经验，还有很好的人脉和信誉。这就是副总裁的工作场景。

副总裁的职场跑道对个人心智方程有如下独特的要求：

"智"的方面：具有中等以上的智力水平（流体智力）；解决专项问题的能力强大，能抓住机会超越平级得到晋升；不断总结经历过的管理场景，掌握优化和创新的方法，具备外部视角。

"心"的方面：尽责性高，主动承担责任；能很好地平衡产出和付出，在每个层级比起平级都需要多付出一些；保持好奇心和开放心态，愿意为上级分担工作。

"情"的方面：坚持不懈，抗压能力强；需要不断发展下属，保持宽容，激发下属潜力，让他们和自己一起成长；保持团队稳定，士气高昂；经常与平级交换意见，避免过度关注自己部门的利益；能支持其他部门取得成功；最关键的是自己分内的工作卓有成效，能够很好地和上级换位思考，与上级、董事会建立深度信任关系。

"身"的方面：需要超出常人的体力。在解决自己部门的问题之外还需要大量时间和上级、平级一起工作；作为高管决策团队的成员，需要参与公司的很多商业决策，对外沟通会占据很多时间。

成为副总裁就是一个不断晋升的过程，不同专业领域的副总裁的晋升路径如下：

• 首席技术官：研发工程师→领导一个专业研发小组→领导多个研发小组完成复杂的项目→在研发中心负责一个大的模块

的研发工作→轮岗→研发中心总监→首席技术官。

• 执行副总裁：销售代表→销售经理→高级销售经理→地区销售团队经理→大区销售团队总经理→销售副总裁→负责销售 / 市场 / 客户服务 / 技术服务的执行副总裁。

• 首席运营官：车间技术员→工程师→车间技术经理→车间经理→负责生产的副总经理→负责生产 / 质量 / 物流 / 计划的首席运营官。

• 首席财务官：会计→成本核算经理→财务经理→预算经理→财务总监→负责财务 / 采购 / 融资 / 审计的首席财务官。

企业内逐级晋升的秘密

这里我借用《领导梯队》这本书里的概念来进一步解释企业组织内逐级晋升的场景（图 8-2）。

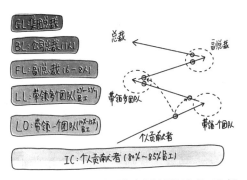

图 8-2 规模型企业中的各个领导层级的员工比例

坦 途——职业生涯如何少走弯路

第一次晋升：从个人贡献者晋升到带领一个团队，完成团队任务。

心智方程"智"的方面要求如下：专业上脱颖而出，绩效超越同事，才有可能成为团队经理。拥有解决问题的专业能力是一切晋升的必要条件。

如果我们把规模型企业定义为拥有 1000 人的组织，里面80% 以上的员工是个人贡献者，要想从这个人群中脱颖而出，成为占公司员工总数 15% 左右的团队经理，你可以根据表格 8-3 评估一下自己的情况。

表 8-3　从个人贡献者到领导他人者（带领一个团队）的部分评估标准

到岗	很是忙碌，既要做业务，又要带团队。为了取得突出的业绩，利用自己的专业能力做紧急和重要的事情，拿出足够的时间来管理团队。开始掌握几个重要技能：理解团队目标，并分解目标或将复杂任务分配到个人贡献者；通过例会定期跟进下属的工作；在跟进过程中监督工作完成，并辅导下属提升能力；保质保量按时完成团队任务。
熟练	可以通过团队的流程和制度来保证任务的顺利执行；团队是相互合作的；下属能独立完成工作；擅长激励高潜力员工，对于表现不佳的员工，知道如何淘汰；团队总体能力强大。
卓越	即使一段时间不在岗位，团队也能够照常运转；团队合作默契；关键任务都可以"全权委派"；团队总体兵强马壮；能超额完成任务；主要工作是争取资源，在跨部门的沟通中，和其他部门建立良性的合作关系；懂得和上级的相处之道。

第二次晋升：从带领一个团队到带领多团队。

表 8-4 是从带领一个团队到带领多个团队的晋升评估标准，如果你正处于这个阶段，可以对照评估一下自己。

表 8-4 从领导他人者到领导领导者（带领多团队）的部分评估标准

到岗	能够肩负带领多个团队的工作，但是非常忙碌，忙于"救火"和处理突发事件。很多时候要依靠你的个人能力解决问题。例如，很多大客户需要你出面才能谈下来；研发项目你要亲自写方案的细节；财务等很多具体工作需要你来亲自完成；等等。负责的业务基本可以按时完成，但偶尔会有"业绩惊吓"。
熟练	依靠团队之间的合理分工、互相协作完成工作任务；各个直属的团队经理都具备较强的工作能力，你布置好工作后，定期跟进就可以保证任务的按时完成；你主要负责调配资源和解决分工的问题；团队任务的完成进度和效果是可以预见的。
卓越	部门内部分工协作、运行高效；部门内部对管理目标的理解清晰、一致，能通过最佳方式解决问题；各个团队的经理都具备带领团队独立、高质量完成任务的能力；作为上级，你需要做的是不断优化业务，和公司高管进行有效、高频的任务澄清，进而更好地了解公司的战略，未雨绸缪，大幅增加业务或不断提升效率。

场景 52

某公司中国区业务总监晋升为中国区副总裁，总监这一职位空缺，需要从现有的七个区域经理中寻找一位继任者，竞争在华北区域经理黄经理、华东区域经理李博士、华南区域经理王经理之间展开。

通过人格特质的测试、面谈及 360 度评估之后，三位候选者的情况如表 8-5 所示。

表 8-5　三位候选者的情况

	黄经理	李博士	王经理
专业能力（智）	5 年一线销售经验，四级销售专家；4 年华北区经理，人均绩效全国最高，团队 9 人。	6 年研发经验，后转到销售岗位，五级销售专家，连续 4 年全国销售冠军；6 年华东区经理，团队 13 人。	11 年销售经验，五级销售专家；6 年华南区经理，团队 11 人。
	7 分	10 分	8 分
领导力（情）	4 年时间培养出了西北区及东北区经理，团队稳定，人均绩效全国第一；在 360 度评估中，上级、下级、业务发展部门、技术支持部门、客户服务部门对其领导力、沟通协作方面给出五星级评价。	团队成员能力不佳，离职率高，360 度评估中发现，他不擅长发展下属，与其他部门关系紧张，不擅长内部沟通，上级认为其缺乏领导力。领导力整体获得三星评价。	团队成员稳定，但是人均绩效表现平平，存在很多表现平庸的下属；对待平级和下属是老好人；领导力整体获得四星评价。
	10 分	5 分	7 分
价值观（心）	在合规和审计方面表现优秀；主动节约费用；公私分明；洁身自好；公平公正。	在合规和审计方面，偶尔会出现费用高的问题；需要及时的奖励。	合规。
	9 分	6 分	7 分
总分	26 分	21 分	22 分

　　如果我们把三部分进行对比，马上会发现黄经理的综合得分更高，更适合总监这一职位。黄经理在技能（智）的方面得分不高，但这一点可以通过找到专业能力强的下属来补充，这样也能激励下属。

企业对管理者的要求通常包括以下几个方面：

（1）能把专业能力强大的人聚到一起。

（2）能调动高潜力的新人，使他们成为专业能力强大的人，让他们的潜力在企业组织内部转化为能力。

（3）善于找到团队成员的强项，能够进行因人而异的分工和辅导。

（4）能通过组织能力让团队高效运转，而不是过于依靠个人能力。

这样来看，黄经理的晋升概率要远远高于李博士和王经理，黄经理晋升后还会有潜力进一步晋升到更高层级的管理者。

第三次晋升：从带领多个团队到公司副总裁。

作为带领多个团队的管理者，即使做到卓越也未必有机会继续晋升到副总裁的位置。因为副总裁是企业组织的核心岗位，一个副总裁出现问题，没有人会说是副总裁的失败，而是会认为这是总裁或者企业在选人上的失败。企业组织需要把控每一位副总裁的任命，很多企业会在人才市场上通过猎头寻找已经在行业其他公司的副总裁岗位上做得比较成功的人选来规避风险。

内部提拔副总裁的风险主要来源于以下几个方面：

（1）被晋升者是否真正理解副总裁对组织的工作价值。例如，首席财务官需要保证企业组织整体财务的稳健，包括报表、融资、各个部门的合理预算、价格体系、风险把控、费用控制等；知道如何支持公司销售、采购获得成功；有的企业还需要首席财务官在融资、上市方面发挥作用。

（2）被晋升者是否取得了集团对应部门的信任。比如，管销售的副总裁是不是和集团的业务副总裁甚至总裁建立了深度的信任关系？只有得到更高一级对口领导的信任，才能把公司的业务领导好。

（3）被晋升者是否掌握了副总裁应具备的相关技能。例如战略相关的知识和技能，公司整体经营计划的制订，构建高效组织和考核机制，团队文化建设，选拔和培养下属，人事和财务的通用知识，等等。

（4）其他的副总裁能不能配合被晋升者。副总裁之间需要互相协作和妥协来达成公司经营层面的共识。比如，业务副总裁能否说服首席财务官对大客户的应收账款"网开一面"？

（5）原来的平级变成了被晋升者的下属，大家是否服气。

所以，很多集团性的公司，都会在内部提拔副总裁之前采取以下几个管理动作：

（1）轮岗：看看被晋升者能否在管理新业务方面很快胜任。

（2）调到其他兄弟公司：看看离开熟悉的专业和环境，被晋升者是否能胜任。

（3）培训：通过内外部资源刻意训练被晋升者，使其提高副总裁岗位应具备的各方面能力。

副总裁"到岗—熟练—卓越"的三个状态，只有"一把手"才能够很好地体会。

重视天赋和兴趣

晋升到副总裁岗位的人选，一般都对所负责的业务有很高的天赋。大部分销售副总裁在初级岗位时就是最好的销售，首席财务官最早就是最好的财务专家。

场景53

我一位朋友的父亲是资深财务负责人，一辈子从事财务工作，55岁在财务总监岗位上主动提出提前退休。因为他的经验很是丰富，企业不希望他离开，承诺可以晋升他到首席财务官的位置。老爷子说："我早想好了，女儿独立工作后我就不干了，我终于可以不干财务了！其实我看到那些账簿就头疼，相比财务我更喜欢文学，却跟数字和表格打了大半辈子交道……"

朋友突然明白父亲为什么总是爱泡在书店里，业余时间还坚持写小说。朋友的父亲有很好的财务工作的天赋，但他缺乏职业兴趣，只是把财务工作当作谋生的手段。

现在有些青少年选择专业时会因为父母的干预而缺乏独立性，在此我真心建议每个人在大学学习的专业一定要符合自身的心智方程，并提前规划自己的职场跑道，在上学时读的专业要尽量和职场场景相关。因为企业中的研发、财务等各个模块都需要员工具备很好的基本功。如果这个专业又和你的兴趣在大方向上相符，读书时打下的基本功可以帮你更快取得成功。

我对此有深刻的理解，因为我就是一个很好的例子。我毕业后从事的工作是机械结构设计，这非常符合我的心智方程。我可以轻松了解手表不同机械机芯的运行原理，也可以轻松就懂得不同汽车发动机性能差异的实质，知道复杂的照相机如何实现精准的快门曝光和聚焦。我的第一份工作是在车间把零件图转化为生产的工艺图纸，这正好可以用上我在学校学到的知识，因此，工作时间不长我就成为一名优秀的工程师。

之后，因为收入原因我离开工厂学了商科，这也在我的兴趣范围之内。经过系统学习，我对企业运行、战略、核心技术和市场细分等方面有了深入的理解。后来，我进入销售部门从事复杂金属结构零件的销售工作，虽然行业跨度很大，但万变不离其宗，都跟金属材料和机械结构相关。这时候我也遇到了挑战，虽然我可以很好地掌握产品和客户的需求，但销售这个岗位我并没有兴趣，我不擅长说服客户在恰当的时机以合理的价格签署商业合同。

换句话说，销售工作并不完全符合我个人的心智方程。后来我之所以选择销售工作，是因为收入高，"功名利禄"这些外部激励让我得到满足。

后来我发现外部激励因素不是长期的，在有了一定经济条件后我开始厌倦销售工作。结合心智方程来解释，就是我虽然掌了销售工作的技能，但"心"的方面不够契合。

幸运的是，我得到了晋升的机会，开始带领销售团队。很多不喜欢的事，我可以授权下属去做。在销售团队经理这一岗位上取得成功的标准之一就是需要辅导和帮助下属取得成功，在 PVS 胜任模型中，我的心智方程（P）的"心"是希望别人更好，所以在管理岗位上干得如鱼得水。

天赋与领导技能的刻意练习

有些人心智方程的"智—心—情—身"四个方面具有管理者的天赋，但还需要在 PVS 胜任模型的"S"方面，尤其是带领团队的领导技能上进行大量训练。因为成功的团队经理需要具备一系列的管理技能和领导技能。

这些基本管理技能和领导技能，包括任务分解、委派—授权、跟进、辅导、评估、招聘、团队建设 7 个方面。

（1）任务分解：科学合理地把团队的总任务分配给下属，分配因人而异，但一定能确保团队的目标完成。

（2）委派—授权：任务分派给下属完成，并且通过对下属授权，让下属明确完成任务的责权利。

（3）跟进：分解任务并分派给下属后，进行适当跟进，通过例会及时了解进展情况，并表示出对任务的重视。

（4）辅导：在跟进过程中，如果发现下属完成任务的能力不足，但具备一定潜力，就要及时辅导，帮助下属提升技能。

（5）评估：辅导后定期对下属进行评估，让下属理解自己目前的业绩和能力情况，知道自己哪些方面做得好，哪些方面和标准有差距，有待提升。另外要通过评估，对下属的心智方程"智—心—情—身"四个方面进行评价，经过辅导和培训仍然达不到要求的需要淘汰。要明白下属的哪些潜力可以通过实际工作辅导被激发，转化为能力。需要了解哪些下属具备相应的潜力或能力，可以被晋升到更高级的岗位。

（6）招聘：团队经理对下属岗位充分理解后，发现绩优人员的特征，并根据这些特征与人力资源做出专业的岗位画像和岗位任职资格说明，参与招聘工作，为团队补充有潜力的员工，招聘成功后能够在候选人到岗后尽快产生绩效。

（7）团队建设：作为团队经理，除了管理自我、管理业务、管理团队外，还需要将团队打造成为互相协作的团队，通过经验分享和参与团队目标制定，让团队成员间建立默契和信任，形成以团队成功为核心的团队文化。

在专业岗位有了高绩效表现，晋升机会就会出现：从带领一个团队到带领多个团队，再到副总裁。每个管理层级都有全新的领导技能需要学习和实践，这些技能只能通过工作岗位的管理实践或培训来完成。各个层级可以培训的领导技能如表8-6示。

表 8-6 企业的管理者培训体系

	高层管理者	中层管理者	基层管理者
认知突破	高级管理者的心智修炼 高级岗位工作价值观提升	心智转换与领导力 中高级岗位工作价值观转换	行为领导力 从管理自我到管理他人的转换
关键任务	战略与战略解码 从自然增长到跨越式增长 创新与变革管理 绩效管理与绩效改进 战略与领导力	战略分解及运营计划 设立具有挑战性的增长目标 变革管理与执行 绩效改进 经营共识行动学习	战略理解与执行 完成团队增长目标 变革与压力管理 过程管理与绩效督导 目标与计划执行沙盘
管理团队	高效团队搭建 BL 领导梯队建设 领导者的情商	高效执行团队 FL—LL 领导梯队建设 管理者的情商优势	高效团队沟通 LL—LO 领导梯队建设 管理者的情商认知
管理人才	人才评估与储备 教练技术与高管教练	人才评估与选拔 教练与发展下属	人才评估与招聘 辅导与发展下属

企业内轮岗的秘密

场景 54 是一家快速发展的企业选拔副总裁的经典案例。

场景 54

一家公司因为业务扩张导致员工数量呈几何倍数增加，

销售团队、客户服务部、市场部、技术支持部四个部门分别由A、B、C、D四个总监负责。公司决定晋升之前的副总裁为总裁，需要从A、B、C、D四位总监中选拔一位作为副总裁的继任者，其中表现最突出的是A、B两位。

A总监是公司初创时期的老员工，伴随公司发展他也得到快速晋升，领导着7个地区小团队，一共近150人。A精通业务，精力充沛，经常冲在一线，解决各类突发事件和紧急重要的工作，团队很多员工和一线经理都是他带着和公司一起成长起来的。但常规的管理会议上经常见不到A，A的时间都花在了具体业务上；A和支持部门经常因为业务发生冲突；遇到关键的业务问题，团队都需要依靠A来解决。

B总监是外聘的，来公司工作一年多了。B在之前的公司从基层干起，经过几次晋升到了高级管理岗位，管理经验丰富，能快速投入管理工作中。在工作中B能够和财务部门、生产部门等高效协作。B擅长结合自己的经验灵活管控下属6个地区团队，分工授权清晰，善于优化流程和激励团队，下属的6个团队经理都很认可B。B也经常花时间和上级副总裁沟通，就市场的变化、客户未来的需求与上级进行探讨，研究公司的战略发展方向。但B因为不是具体业务出身，相关能力和A差距很大，缺乏解决具体问题的能力，关键的时候还要依靠经验丰富的下属团队经理。

A深得公司总裁的信任，在公司初创期A和总裁等高管一起打江山并经历了公司快速发展期。B的领导力和商业洞察能力，也得到了总裁和其他副总裁的认可。

现在问题来了，如果是你，你打算晋升A还是B？

如果晋升A为副总裁：

• A很可能会继续按照他原来的行为方式去做，这很有可能会给公司带来灾难。A可能会继续冲在一线做具体业务而没有足够时间进行战略思考，A也可能缺乏成为成功的副总裁所需要的技能——组织公司资源并前瞻性地对不同业务进行布局。

• A不熟悉B、C、D的业务，很可能会按照自己原来做业务的方式方法去管理B、C、D，甚至"指手画脚、亲力亲为"，要求B、C、D的业务都按照A业务线的方式方法来做，A的性格特点也是自信和强势的。

• 如果让A负责四个部门的业务，公司担心B、C、D三位总监会离职，他们离职甚至有可能导致B、C、D三个业务线的主力人员离职。B、C、D三位总监也担心A成为自己的上级后会出现在具体业务上外行管内行的情况。

如果晋升B为副总裁：

• 可能会出现的一个问题是：B如何管理作为公司老人的A？A肯定无法接受，他认为B在业务上是外行，除非 B 有足够强的领导力能让 A 服气，否则，风险就很高。

• A 可能会不理解 B 的晋升，认为 B 业务能力不如自己，在公司工作时间也不如自己长，存在离职加入竞争对手的风险，还可能会带走一些主力资深员工。

我在给一些企业做咨询时，发现很多公司经常会面临类似场景 54 的问题，任何组织的人事决策都非常不容易。针对场景 54 中的情况，我一般会给企业如下的建议：

（1）轮岗是一个非常重要的管理工具，可以让 A 轮到 C 岗位，B 轮到 D 岗位，平级之间进行调动，看看 A、B、C、D 四位总监在轮岗后的表现，这样更容易评判谁更具领导力。如果 A 能在新业务上发现自己无法通过亲力亲为完成任务，只能宏观把握，授权下属完成具体工作，通过和上级、平级的信任关系协调资源，那么通过轮岗，A 就可以成为综合能力更强的领导者，未来自然会成为副总裁的有力候选人。轮岗后如果 B 同样表现出色，那公司副总裁的岗位上就有了两位满意的候选人。

（2）无论晋升谁，领导力的刻意练习和副总裁职场跑道的辅导都是非常必要的。如果 A 能意识到自己的问题并专注于提升自己的领导力，懂得授权、协调资源和与上级沟通，理解公司的战略，再结合自己一线经验丰富的情况，可能会成为公司未来的副总裁。

规模型企业面临大量 A 类型管理者在晋升前的转型，如果转型不成功会给企业业务带来巨大风险。所以"辅导""教练"和"刻意训练"是公司必须投入的。如果无法提升 A 的领导力，也无法给到 B 相应的机会，当企业的副总裁出现空缺时，就可能需要外部"空降"了。A 和 B 如果不能理解和接受公司给自己"找老板"的安排，就有可能会离开公司。

（3）A 的保留问题。公司的绩效考核体系需要设立针对不同层级的胜任力、领导力的考核标准，这样就能让 A 理解总监的领导力也至关重要，提升其对高级管理者管理场景的认知，也让其知道未来职业发展可以走向副总裁的职场跑道。另外，在绩效面谈中，对于 A 这种经验丰富的公司业务核心员工，未必一定要走晋升这条路。如果他无法转型为管理者，公司可以通过绩效反馈让他知道自己更擅长业务专业，走专家的职场跑道。公司对专家跑道和管理者跑道上的员工都需要有良好的收入和奖励政策，才能保留这样的专家，或者让他们成为不需晋升到副总裁的资深总监。

（4）很多副总裁具备"大将"的特质，在自己的专业领域非常强大，如果能和负责其他业务的副总裁有很好的合作，是有机会晋升为总裁的。

商业洞察力：高级管理者的核心能力

管理者一般都是在特定的岗位因为特定的能力取得成功的，

但这也会成为思维的舒适区。要让管理者认识到，晋升后自己会面临全新的管理局面，要理解更高层级的 PVS 胜任模型的价值诉求（V），知道自己哪些不应该做，哪些应该加强，以保证在新的职场层级取得成功。

我在企业工作时，有一次我的上级是从兄弟公司派过来的，公司的人都认为我们不是一个派系的。我并不想给自己贴上属于哪个派系的标签，只想通过良好的工作表现跟新上级相处好。

不久后我被安排去负责亚太大区的工作，不再负责公司主流的中国市场和新兴的主流产品，理由是我对公司的一个老产品非常熟悉。但内部的人都知道，这个产品已经处于产品周期的末端，未来很可能会被淘汰。于是公司内流言四起，我其实没想那么多，对我来说，在哪里都是工作，正好我也有机会出去看看。我对这个产品足够熟悉，中国团队的成员都是我的老部下，只要给他们足够授权就能保证相关工作顺畅推进。这样，我就可以多花些精力去印度、泰国和韩国发现市场机会，在不同的商业环境中结合自己的经验，把业务做好，提升商业洞察力。正如前文提到的，我发现轮岗是一个非常重要的机遇。

管理某一方面业务靠的是不断的经验积累，以及对业务发展周期的了解。如果有机会管理一家公司的多个业务，你就可以快速理解公司不同业务的商业模式、利润情况、产品地位等，对各个业务都会具备很好的洞察力。

我遇到过很多管理者，他们习惯于管理某一方面的业务，不想离开这个舒适区，导致了他们缺乏洞察力，无法实现管理多个业务的能力转换，在职场跑道上注定就只能到达资深总监的层级。

教练技术：高级管理者的必备能力

　　针对公司高级管理者，我的一个重要服务项目就是"高管教练"，即通过培训让高级管理者掌握"教练技术"，帮助他们在职场跑道上取得成功。教练技术是外行管理内行的核心领导技能。常用的工具是 GROW 模型和 5R 模型，如果想长期发展下属的潜力，我可能还会用到 NLP（神经语言程序学）理论。不同的人学习教练技术时可能会选择不同的方法系统，但殊途同归，所有的教练方式都是为了帮助他人将潜力转化为能力。

　　GROW 模型是约翰·惠特默在《高绩效教练》这本书中提出的教练方法。"G"代表 goal（goal setting，目标设定），指教练与被教练者需要确定明确的目标。R 代表 reality，指与目标相关的现状，需要全面和深入地了解客观事实。O 代表 options，指提出每个现状的不同解决方案，并选择可以实施的解决方法。W 代表 way forward，指制订实际的执行计划，来达成目标。

　　5R 教练模型是由郑振佑（Paul Jeong）博士提出的，5R 教练模型包括 5 个核心部分：关系（relation）、再聚焦（refocus）、现状（reality）、资源（resources）和责任（responsibility）。

　　NLP 理论，N 代表 neuro（神经系统），L 代表 liguistic（语言），P 代表 programming（程式）。NLP 理论被广泛应用于心理治疗和教练技术上。

如果在职场跑道上，你能遇到一位擅长使用教练技术的上级，那真的要恭喜你。

教练技术不是直接告知，而是通过提问、启发、激励等方式，帮助对方自己找到答案，并付诸行动。当然，这要求对方有相应的潜力和意愿。

场景55

我在企业工作时遇到过几位有特色的管理者。刚参加工作时我的上级是一位法国经理，他的业务能力强大，特别擅长采用"告知"的方法，什么事情都会向我交代得非常细致，导致我永远只能是他的助理，因为我基本没有什么空间去按照自己的想法独立工作。好在他出现在我工作的早期，让我体验了一个受过良好职业化训练的经理的言传身教。我从他身上学习到很多技能，包括设计销售流程、写专业的商业计划书、做演示课件和汇报、与客户进行复杂业务的商务沟通和谈判等。我也学习了如何与法国工厂各个部门进行沟通，如何写出漂亮的周报，等等。这些技能让我心智方程中"智"的方面有了飞速提高，帮助我大大提升了自己的专业素养。

除了场景55中的那位法国经理，欧乐信先生是我印象最深的一位领导，他是个非常温和的瑞典人。因为他并不在中国常驻，每个季度才会来中国一次，跟他共事的 8 年时间内，我们主要是通过电话会议沟通。他非常擅长提问："我们如何才能在中国长久发展？""和国外工厂的各个部门沟通有什么问题？你打算如何解决？""如何说服中国客户？客户有什么不满意的？""哦，我们价格那么贵，那我们的优势呢？"

后来我才理解，当时欧乐信先生是在用教练技术管理我。教练技术是高级管理者必备的领导技能，这个方面有的人很有天赋，即有很高的个人魅力和情商，有的人需要在开始带领团队后，刻意练习。

和欧乐信先生一起工作的 8 年是我最愉快的一段职业时光，也是我个人提升最快的时间段。欧乐信先生很会利用教练技术和"委派—授权"这两项领导技能，总是让我围绕挑战目标，学会发挥自己的聪明才智，给了我很大的发挥自身潜力的空间。和他一起工作的时间长了，我自然而然地模仿他，成为一个非常擅长运用教练技术的管理者，也学会了如何激发不同的人的潜力，让他们成为可以独当一面的人才。

如果一个人愿意去感受别人、保持开放，愿意为了达成目标去观察别人有什么更好的方法，知道如何把他人调动起来，就比较容易成为高级管理者。当负责的业务越来越复杂，面对的问题也要求做判断时要集合不同人的观点，高级管理者需要提升对事情的综合判断能力。

教练的方式需要和其他方式结合，通常我只愿意对那些有潜力、有意愿的下属在一定条件下采取教练的方式。有的人缺乏潜力，在和他们打交道时，还是需要用命令和直接告知的方式，把任务布置给他们，并让他重复一遍，以确保他们充分了解任务的目标和要求。

成为卓越的管理者

我们总结一下管理者这个职场跑道，可以发现，卓越管理者的心智方程要求如下。

"智"：具备很好的专业能力，以及行业或专业洞察力，在专业领域能够做出战略贡献。例如：销售经理能够做好市场规划、激励团队、指挥销售团队攻城拔寨；财务经理能提供最佳财务解决方案，对业务提供最大支持；人力资源经理能构建最符合业务要求的组织架构和机制，找到人才和培养人才；研发经理能够带动内外部资源，高效开发产品，并且让产品具备较强竞争力。

"心"：个人的价值体系和企业的文化价值观相近，忠诚，能够在企业面临艰难时刻时，与企业共进退；动机可以是追求较高的工资待遇或者喜欢这份工作。

"情"：性情平稳，擅长辅导下属；能很好地和上级换位思考；能带领团队和构建团队；压力管理能力强大；自信和果断。

"身"：能平衡工作和生活，在高强度工作中可以坚持不懈。

卓越的管理者在各个层级晋升的秘密如表格8-7所示：完成岗位任务只是履行了自己的工作职责，工作贡献指的是在完成岗位任务的基础上，超出职责完成的部分，这部分决定了你是否有晋升机会。

表 8-7　岗位任务和工作贡献对比

岗位层级	岗位任务	上级需要的工作贡献
个人贡献者	短期	长期，战略性的
	循规蹈矩	创新的，激发的
	可衡量，具体	不可衡量，抽象
	硬性指标	软性指标
领导他人	完成团队业绩	业绩大幅提升
	兵强马壮	有人继任
带领多团队	完成任务	大幅增长（提升效率）
	有流程和分工	优化流程，效率持续提高
	被动领取任务	主动申领任务
	解决办法	最佳方案
	在部门内受欢迎	受到各个部门的欢迎
	按要求汇报	战略理解，主动汇报

　　要顺利晋升到更高一级的工作岗位，个人贡献者通常需要3~5年扎实的工作，拥有丰富的技能和经验，同时表现出优秀的沟通能力。带一个团队的管理者需要3年左右的工作经验，所带领团队兵强马壮，可以轻松带领团队完成复杂的任务或项目，在晋升前最好能找好继任者。带多个团队的管理者或总监需要3~5年的工作经验，可以通过团队协作大幅提升效率，协调资

源和横向沟通都很轻松，没有明显缺点，能向上管理，给高管层包括董事会留下良好印象；表现出"希望承担更多责任的状态"，抓住企业内部晋升机会，如果企业基本没有机会，需要及时到外部寻找晋升机会；避免企业选择"空降"，如果发现企业考虑从外部引进副总裁，一定要搞清楚背后的原因，吸取经验，避免因为决策者对自己缺乏信任而导致错失晋升机会。

在不同层级的管理岗位上，并不是创造了卓越的绩效就能够获得企业的高度认可，只有在此基础上不断提升自身能力，让企业感觉到你具备晋升到更高层级的潜力，才能争取到晋升机会。表8-8给出了晋升潜力和绩效的关系。

表8-8 晋升潜力和绩效的关系

晋升潜力	非全面潜力	全面晋升潜力	卓越晋升潜力
发展	非全面发展	全面发展	卓越发展
熟练	非全面熟练	全面熟练	卓越熟练
管理层级工作贡献	非全面绩效	全面绩效	卓越绩效

我在本章结合PVS胜任模型阐述了管理者的职场跑道，卓越的管理者是一个能跑出将才的跑道。那什么样的人才有机会成为"一把手"（帅才）呢？我会在下一章进行阐述。

第九章

帅才：成为"一把手"

这是一个独特的岗位，一旦有合适的人选，会长期带领
企业在竞争中立于不败之地。

成长路径：

专业人员→专家→带助理→带团队→轮岗→带复杂的
团队 / 项目→跨部门轮岗→小型组织总经理→大型组织
副总裁→跨公司轮岗→总裁（决策者，"一把手"）

成为规模型企业的决策者即"一把手"，肯定是个体职业发展的顶峰。根据 PVS 胜任模型，"一把手"岗位对个体的心智方程（P）、取得岗位成功的价值诉求（V）和相应的技能（S）都提出了很多独特的要求。

"一把手"的 PVS 胜任模型和心智方程要求

我见过很多大型企业在选择"一把手"时经常会出现下面两种不当情况。

一是空降缺乏一线业务能力、一直在总部工作的高级经理到下面二级、三级公司去做"一把手"。这种方式只适合临时性的情况，比如：总部需要对下面公司加强控制；为了下属公司方便协调总部的资源；给集团领导看中的高潜力人才安排一个"一把手"的工作来检验其能力；轮岗观察高潜力人才，为其晋升到更高层级做准备。

二是让一直负责职能工作的专家型副总裁成为"一把手"。出现这种情况通常有以下几方面原因：错误地认为优秀的副总裁可以名正言顺地成为"一把手"；想留住专业能力突出的专家；想临时性地加强对公司某方面职能的管控，比如为了加强财务管控，将首席财务官晋升为"一把手"，为了加强产品研发把首席技术官晋升为"一把手"等。

结合 PVS 胜任模型，"一把手"需要具备如下条件。

个人部分（P）

"智"：认知能力与智商远超常人，在三个层面都具备解决问题的能力，即专业能力、通过团队完成任务的运营能力，以及战略领导力和敏锐的商业洞察力。这三个方面的能力会在不同层级的工作经历中有所体现。在从事一线专业工作期间，取得超越常人的业绩。

"心"：具备非常好的愿景和价值体系，面对诱惑有定力；很早就聚焦自己的发展路径，认为自己来到这个世界就是要更好地体现超出常人的价值。

"情"：情绪稳定，抗压，坚毅；可以高效处理各种复杂的人际关系，擅长激励他人；能整合内外部资源。

"身"：精力充沛，活力四射，能管理好自己的时间，忘我地工作。

岗位价值诉求（V）

很早就理解公司对"一把手"这一岗位的要求，知道如何在这一岗位（层级）上做到卓越（成功），能超越上级期望，总是能让公司董事会对公司的未来充满信心。在这一岗位上能高效组织、促进业务增长、提高利润，擅长内部和外部的协作，能调动外部资源让内部士气高昂。

技能方面（S）

经常能发现创新机会，并将创新想法转化为实际的商业结果；带领团队和组织实现更高的绩效；擅长捕捉战略时机，拥有强大的商业和行业洞察力；知道如何赢得竞争；和董事会建立充分的信任。

我的朋友宁总执掌着三四家大型企业集团。他是公派留学生出身，从企划部的普通职员起步，经过十几年时间完成各个层级的跃升，成为企业集团的领导者。他擅长把企业打造成为具备全球竞争力的现代化企业，形成了可以复制的经验。这种战略思维和执行能力，让他有机会被委派到各个大型企业，去完成大型集团型公司的战略制定和战略转型。

很多企业组织一直在寻找这样的人。需要注意的是，可能企业内部本来就有这样的"未来之星"，但企业没有注意到或者不知道什么样的员工才有这样的潜力，结果导致了人才的流失。因为这样的人才通常不会默默在一个组织中等待，如果没有机会，或者他们自己努力在企业内部寻找过机会却没有得到认可，就会主动去外部寻找机会。

现实生活中，"一把手"的成长之路往往与下面场景56中的案例类似。

场景56

岳总以优异的成绩考入一所名牌大学，在大学中进行了很多的知识积累，硕士毕业后通过一家集团公司的校园招聘成为管理培训生，在集团总部成为战略部门的一位高级职员。岳总从打杂的工作包括复印文件、美化演示文稿、为领导订机票等开始，经过两三年逐渐过渡到专业研究性的工作，研究未来的技术趋势。他经常有机会向那些资深高级总裁进行汇报，办公室也和总裁们在一个楼层，有更多机会和高级管理者接触，这让核心高管们对他的学习能力和为人处事有所了解，他逐渐得到上级和其他高管的信任和认可。后来他得到第一个机会，去一家下属公司做业务部门的副经理。这个部门的经理是一位一线经验丰富的业务老手，他跟着在一线摸爬滚打，几年下来，他了解了公司的一线运营、客户的需求和一线产品的具体研发工作流程。接着他被调到另外一家下属公司做业务部门的经理，带领团队完成一线的任务（可能是研发、销售、运营管理、财务、供应链等），成为一位绩效优异的团队经理。这时候集团总部有一个项目需要一位总监，他在离开总部5年后又被调回，成为一个跨三家下属公司的项目总监。这个项目对公司下一步的发展非常重要，他经常要向核心管理层做汇报。后来他又被调到一线负责业务团队，有时候也会被调回总部分管一些复杂项目。就这样上上下下经历了几次转岗、轮岗后，恰逢一家他曾经工作过的集团下属三级公司缺一位副总经理，在集团人事部的推荐下，他成功当选。因为在总部有很多熟识的高级管理者，又擅长协调资源，他结合自己的一线工作经验给公司提供了一些新的发展方向，这些新的想法在业务中也得到验证。因为他的工作有很多亮点，当下属公司的总裁位置出现空缺时，他顺利接任，成为集团下属公司最年轻的"一把手"，这时候岳总40岁上下。

在很多高级管理者的选拔项目中，我发现具备"一把手"特征的高潜人才多可遇不可求，因为"一把手"心智方程"智—心—情—身"四个因素都需要很完备。这种完备与年龄有一定关系。如果一个人在30多岁就具备强大的认知能力，在同龄人中就是凤毛麟角，很容易脱颖而出。

同时，我在对企业组织进行研究时，也发现"一把手"是一个"高危"职业，稍有不慎就会被董事会"干掉"，比如乔布斯就曾经被董事会"干掉"过。"一把手"需要承担公司各个方面的责任，包括战略目标的实现、财务稳健、组织效率、规避突发事件、管理等。他需要面对躁动不安的投资者及董事会或者上级集团公司的监管，特别是要搞定直属下级，而这些直属下级又多是专业能力超强的副总裁。很多副总裁经验丰富，能力强大，是猎头的重点关注对象，随时有可能离开甚至加盟竞争对手。有些副总裁是上级派驻下来的，往往和集团、董事会有很好的工作关系和私人关系。和这样一个群体相处，是很考验"一把手"的能力的。

我在教练项目中经常以独立教练的方式面对这些孤独的

"一把手"。做"一把手"需要顶级的管理智慧，以及一颗能够忍耐孤独的心，不能表现出软弱或者无法解决问题，用一句诗总结就是"高处不胜寒"。

解码"一把手"的管理场景

下面我用场景化的方式来帮助你理解"一把手"的管理场景，以及"一把手"这一岗位的价值诉求。

"一把手"需要管理手底下的副总裁。当副总裁能力卓越时，这对一个人的领导能力是很大的考验。当副总裁表现一般但还不能马上淘汰时，"一把手"可能就要自己顶上去，直到找到合适的人选，而这会占用大量的时间。

"一把手"的上级往往也很不好管理。任何事情都需要让"上级"看到积极的方面，如果表现消极或者遇到问题束手无策，就会被认为缺乏解决问题的能力，从而被削弱决策权。"上级"包括不同的人，有集团公司的内行，也有关注利润的董事，还有关注企业未来发展的董事，甚至还有负责合规和企业 ESG 部分的股东。他们更关注的是企业在技术或者研发上的投入、未来的股价等。

如果是上市公司的"一把手"，那么还要帮助企业树立良好的形象，建立行业的影响力。

前文提到的"价值数轴"中，在企业长期工作的人大部分是"平衡主义者"，即"打工者"，高级管理者也位列其中。到了"一把手"的层级，董事会或者投资者会对他们的价值观、愿景、使命等心智方程中"心"的方面进行考察，看他们是否和企业的"价值观—愿景—使命"契合，希望他们能发挥聪明才智，不断为企业带来价值，同时也得到相应的回报，避免因为过于看重个人利益而给公司带来重大风险。

"一把手"如何调整心智方程

场景57

我接到过一家上市公司选拔高管的项目，A、B、C三位副总裁竞争总裁的位置。这三位副总裁在自己的岗位上绩效都很卓越。

先说一下A。A从一线业务经理一步步晋升上来，成为负责业务的副总裁。他低调务实，业务能力扎实，理解产品，有很好的战略思维能力，与财务、供应链、研发等副总裁都有良好的协作关系。按照A的惯性思维，在晋升为"一把手"以后，他希望的场景是这样的：展现自己的能力，做出非常好的绩效，用数据说话。A将继续和各个副总裁保持积极正向的关系，在和董事会沟通中依据业务需要协调相应的资源。

B在集团内是非常出名的高情商管理者。虽然业务能力不是那么突出，但 B 在公司所属的集团总部工作过，更擅长协调外部资源解决业务问题。B 把重点放在研究谁是这次总裁选拔的决策者上。B 可能认为包括他在内的三位候选人能力相差不多，各有特点，但领导肯定要把公司交给自己更信任的人，于是 B 把很多精力都花在了和集团领导保持密切联系上，花更多时间去和上级沟通，同时认为如果能够从外部得到更多资源，内部核心的管理者就会对自己更加认可。B 同时也研究了竞争对手，找到他们的缺点并进行放大，比如他会借助一些汇报机会提到 A 晋升可能带来的风险，让决策者认为自己是相对而言让他们更放心的人。

A 得到晋升是因为在一线冲杀，靠自身能力做业务，同时和团队保持良好的关系，才逐渐做到了副总裁。

B 能得到晋升是因为他了解上级的需求，擅长和上级保持良好的关系，能够得到上级的信任，因此能拿到更多资源，甚至分管一些公司的优势产品，这样很容易就能把业务做好。

在我看来，B 的赢面会大很多，这就是人性。我们都更希望把权力交给自己信任的人。虽然公司内部的人可能会觉得他不是很容易合作的人，但他可能会通过权力来提升执行能力。

以上是 A 和 B 两位副总裁的情况，C 的出现让选拔变得更有意思。C在之前单位的工作和A非常像，他有扎实的知识和技能基础，能解决复杂的业务问题，行业经验丰富，在过去经历的各个层级上表现都很突出。C在带领团队时，具备很强的领导力，和上级打交道时情商也非常高。做到副总裁后，他调整了自己的时间安排，经常花时间和上级在一起，以理解上级的战略愿景，洞察上级的思路和想法，同时与上级建立非正式的关系，主动为上级分担责任。有时候为了能够更好地执行上级制定的战略或者计划，他也会"得罪"一些人，唱唱"黑脸"。

C特别喜欢学习，成为副总裁后经常自费参加一些商学院的课程，也会争取加入行业协会，抽时间参加行业协会的一些活动。如果有机会，C也会很自然地主动和董事会或集团领导搞好关系，协调资源，那么在总裁选拔过程中，有了C，那A和B就没有什么机会了。

C的晋升和A没有什么区别，但他知道副总裁这条职场跑道对PVS胜任模型中工作价值观（V）的要求，所以根据工作价值观调整自己，以在岗位上取得成功（V）。C发现要成为称职的"一把手"，自己一定要作出相应改变，他发现了B的优势，开始学习和模仿B。所以C表现出来的能力更加综合，这也证明了C的心智方程更容易转换，能结合对总裁岗位的新场景的认知，及时调整自身能力和行为。

我在教练辅导过程中，最喜欢 C 这样对工作场景非常敏感的人，他们容易理解总裁岗位的价值诉求，是真正胜任总裁岗位的"未来之星"。但现实中 C 这样的人少之又少，是各大公司所竞逐的人才。

场景 57 中 A 的情况，我见过很多，有时候会觉得非常可惜。A 这样的高级管理者需要利用心智方程完成一次岗位场景的转型。

"智"的方面：在知识面广、经验丰富、技能强大的基础上，着重提升战略思维能力。比如，如何看待数字化中台和数字化营销手段，如何看待 AI 在企业中的实际应用，短期融资和长期股权融资的关系是怎样的，未来公司的发展方向在哪里，等等。

"心"的方面：关注梦想、价值体系和尽责性。A 在"心"的方面想的是要把事情做对，并把团队带好，用实际的贡献来体现自己的价值，但也可能他已经很知足。如果他想去做"一把手"，释放自己的能力以创造更多的价值，就需要根据"一把手"工作价值观（V）的要求来补充欠缺的能力，再利用自己擅长的，调整工作状态。具体而言，A 需要改进的方面是积极和上级建立信任，寻找外部资源。如果没有和上级建立深度信任关系，他能判断出这种关系非常重要，也可以采取行动来补足。

或者 A 意识到 B 在这方面比自己要好，这会降低自己成功晋升的概率，其实自己在为人处世方面不是没有能力，可以再重视一些，以与上级建立更好的信任关系。在教练高管的项目上，如果遇到 A 这样的管理者，我会让他知道自己可以承担更多的责任，对总裁的位置势在必得，引导他发现副总裁和"一把手"这两条跑道的 PVS 胜任模型的差异，有针对性地改变心态和提升技能。

"情"的方面：对 A 而言，主要是要增强和特定人物的关系。A 管理业务多年，可以和客户的总裁建立良好的关系，所以肯定也有能力和自己的上级建立很好的关系，问题在于他如何调整。A 需要主动增加和上级见面的机会，尤其是创建在非正式场合与上级的交流机会；能倾听上级，领会对方的观点；与上级交换意见，尤其是从外部视角看公司未来发展和行业动态等方面的意见。

另外，B 也需要做一些调整，避免以为和上级有深度的信任关系，就一定能成为"一把手"。在"一把手"的跑道上一定要理解"一把手"的工作价值观（ V ），即使和上级的私人关系再好，还是要拿出自己的业绩的。凭借与上级的良好关系去协调资源，提升公司业绩，把下属团队带得兵强马壮，"一把手"的位置自然胜券在握。

我在实际项目中见过很多类似 B 的情况，和上级关系好，对下级反而比较强势。如果 B 是这种情况，项目中我会特别提醒决策层注意，尽量避免这样的人成为"一把手"，因为他可能把能力都花在和上级建立信任上了，看着能说会道，非常照顾上级的想法，却没有精力去研究如何把业务做好，"阳奉阴违"。甚至很多类似 B 的人，会用一些不正当的手段实现晋升。

通过以上分析我主要想说明，"一把手"的职场跑道必须将心智方程中"心"的因素放在首要位置。我们可以看到，很多企业组织中，能力很强的人未必会成为"一把手"。

场景 57 中的 C 就具备成为"一把手"的必要条件，总结如下：

（1）"心"：有大的志向和愿景，能抓住机会去承担更多的责任，带来更多价值。

（2）"智"：最关键的是战略思维能力、创新能力、业务经验等促进公司未来发展的综合能力。

（3）"情"：建立和上级的信任，自己的团队兵强马壮，能协调上级或者外部资源，与外部的上下游建立全面的合作关系，拥有横向协同能力。

（4）"身"：有良好的身体素质，以及非常好的情绪控制能力和压力管理能力。如果身体吃不消，那还是不要坐到这个位置，否则给公司经营带来麻烦。我看到的在企业做到"一把手"的人，每天通常都需要工作 15 小时以上，除了个人身体方面的天赋，还要积极锻炼身体，提升自己的身体素质。

除了个人心智方程方面具有潜力，作为"一把手"，还需要根据 PVS 胜任模型不断提升能力（S），这是需要不断刻意练习的地方。站在"一把手"的位置，个体一定要作出调整，适应

新岗位的要求:

（1）站在"一把手"的位置去思考,如何"带着"和"托着"之前的平级副总裁,完成更复杂的任务,达到更高的目标。

（2）表现出新的志向,和上级充分沟通,理解公司的战略部署和战略制定背后的原因。积极和上级建立关系,有创新的想法并主动沟通。

（3）把具体工作的想法和实战经验讲出来,让高层级的领导了解自己。

（4）有经验的人很多,业绩好的人很多,但提取经验进而形成对整个商业环境和业务的前瞻洞察力,是需要大量投入的。这种投入包括和上级、董事会成员、外部咨询公司甚至股东进行大量的交流。

如果你的心智方程足够胜任"一把手"岗位,就必须去成为"一把手",体现自己的价值。

看到这里你也许会说,如果我的心智方程有这方面的潜力,还不如去创业。我会在后面几章帮你分析你是否适合创业,会成为什么样的创业者,以及创业如何才能成功。

第十章

成为自由职业者

我的地盘儿，我做主。

成长路径：

专业学习→独立工作

企业内部专家→企业内部的副总裁→离职独立工作

小型公司的骨干→离职独立工作

教育机构或研究机构的专家→离职独立工作

自由职业者，即自我雇佣者，这个群体在发达经济体中的比例越来越高。当前，商业社会竞争和不确定性增加，AI逐渐被用来替代人工，导致企业无法提供长期和确定的工作。同时，企业更愿意支付项目型的费用，而不是长期雇用员工，将工作外包出去成为常态。

另外，每家企业都面临员工招聘和解聘的成本问题。企业在岗位设置上越来越谨慎，一些非连续性或临时性的工作都尽量采取外包的方式来完成。这就产生了大量提供专业化服务的小型公司和自由职业者，包括设计师、公共关系专家、商业咨询师、培训师、私人商业教练、会计师、商业律师、合规专家等。于是，自由职业者成为很多人的职业选择。

适合自由职业者的心智方程

基于PVS胜任模型的心智方程给适合做自由职业者的人群做一个画像，特征如下：

（1）"智"：对某项知识和技能具有强烈的兴趣，具备一定的认知能力，在某个领域具有超人的能力，同时具备商业敏感性。

（2）"心"：喜欢自由，不喜欢被约束，追求自我价值的实现。

（3）"情"：不喜欢与人协作，喜欢独立完成任务。

（4）"身"：具备超强的体力，能按照客户任务的时间要求，全身投入。

麻省理工学院埃德加·沙因教授（Edgar H. Schein）通过对斯隆商学院 44 名 MBA 学生进行职业兴趣的研究和跟踪，在 1978 年提出了职业锚的概念，后来经过不断完善形成八种类型的职业锚，其中自主／独立型（Autonomy and Independence）倾向高的人，比较适合成为自由职业者或者去创业等。还有一种类型是安全／稳定型（Security and Stability），如果这两种类型的特征你都有，可能就要注意了。因为这可能是两个互相矛盾的类型，在企业等组织内部会觉得缺乏自由和自主性，但辞职出来又觉得没有安全感和稳定性，容易陷入一个怪圈。这个时候，一定要了解自己心智方程中"心"的部分，再看看自己的专业能力是否能够为自己提供谋生的基本保障。

在大量的商业教练实践中，我发现自由职业者和创业者，最好的组合是自主／独立型＋挑战型，这个人群既追求独立自主，又喜欢各种挑战，如果在心智方程中"情"的部分又有很好的压力管理能力，成功的概率就会更高。如果"情"的部分又具备良好的领导力，就可以从自由职业者转变为"小而美"公司的创办者，甚至可以成为创立规模型企业的企业家。

既专业又自由

成为自由职业者是很多人所向往的。谁都希望工作时可以不受约束，按照自己的意愿自由支配时间和发挥自己的能力。但成为自由职业者有一些要求，有优点也有缺点。

首先，成为自由职业者，不依托于企业平台的综合能力就能够有很好的收入，对个人的专业能力要求很高，个人还需要不断投入时间与时俱进地更新知识。好处是可以自由地支配时间，可以在完成工作和项目后来一场说走就走的旅行，甚至可以自由地选择自己喜欢的项目。

场景59

小黄是我的童年玩伴，对数学、英语、地理等这些课程完全没有兴趣。他爱好美术，有时上课偷偷画漫画，或者干脆逃学去写生。

小黄的父母眼看自己的孩子就要"废"掉，只能和他商量放弃普通高中，去报考美术专科学校。没想到小黄在美术学校也不喜欢按照要求去上专业课，还是按照自己的方式来创作。

小黄就这样"不务正业"到20多岁，这时候开始流行图书配插图，他画的插图自成一派，有强烈的视觉冲击效果。偶然给几本书画了插图后，很多出版社都找上门来，20世纪90年代画一幅插图的报酬大约是10元，当时小黄的收入远远超过工薪阶层。

渐渐小黄有些忙不过来了，这时候有出版社就提出加钱以获得优先权。小黄这位"佛系"画家完全不为所动，直接拒绝了，他不想因为有人多给钱就改变工作排序。凭我对小黄这么多年的了解，我一点儿都不觉得意外。

小黄后来变得很出名，但他"佛系"的个性决定了他不是一个好的职业工作者。他一辈子都是一个我行我素、不给别人找麻烦，也从来不会迎合别人的人，但是从谋生角度看，小黄的收入还是蛮不错的，也充分享受着自由自在的生活。

场景59中，心智方程"心"的方面，小黄一直坚持做自己喜欢的，他所看重的不是功名利禄这些外部激励，这也是自由的一种体现。对于不喜欢的工作或者客户，小黄可以完全"屏蔽"或者拒绝。但如果在公司工作，我们就不能这么任性了，会有各级管理者定期发起任务跟进，需要向上汇报工作，修正工作内容。有时候一些管理者角度的意见，即使不喜欢，也需要听从。

小黄的场景代表了个人职业发展的一种路径。我们可以像他一样，聚焦擅长和喜欢的工作，工作过程中力求与合作方"双向奔赴"，不用去妥协自我。

自由职业者可以自由地选择做什么，为谁工作，也可以很自由地把握时间。但现实生活中，也会出现客户的要求不符合自身想法，从而需要进行一定妥协以满足客户需求的情况，有时候也需要加班加点按照时间表把工作赶出来。自由永远是有限的。

场景60

陆女士会定期打网球，原来是去网球中心购买年卡，每次去之前都需要给网球中心打电话预约场地及教练的时间，之后再完成扣费、续费等操作。现在新的操作方式是：预约教练的时间——根据时间安排线上选择去哪个网球中心——付费。

陆女士的教练姓张，以前是网球中心的雇员，后来成为自由职业者，变成了网球中心的客户，可以在各个网球中心选择场地。网球中心也不用再为张教练支付"旱涝保收"的工资，减少了风险。张教练作为自由职业者也更全力以赴地工作，因为他需要留住客户，否则就要承担没有客户的风险。

张教练作为自由职业者，一方面工作时间更为自由，另一方面压力更大。如果某天他的预约满了，就可能存在流失客户的风险，因为他的学员会去找别的教练，除非他与学员建立了唯一教练的依赖关系。还有一种风险是，随着学员水平的提高，他们可能不再需要张教练，或者寻找水平更高的教练。做自由职业者就像经营公司一样，也很有挑战性。

通过场景 60 的例子，我们可以看到，成为自由职业者对个体的综合能力要求更高。

几年前我和插画师小黄一起吃饭，他告诉我自己的业务在迅速下滑。对这个情况我也没有感到意外，因为我对小黄的心智方程太了解，这种情况的发生是"成也萧何，败也萧何"。小黄的设计和创作能力可以打 95 分以上，对质量的追求也能打100 分，但这种对质量的追求也导致他对作品的要求很高，在自己的价值诉求和客户要求不相符时，他一般都选择绝不妥协、直接放弃。从商业角度来看，他存在一定的局限性。

"情"的方面，我只能给小黄打 50 分。小黄只喜欢和跟自己价值观一致的人一起做事，不会因为商业因素妥协，在一些商业场合也不愿意为了人脉去讨好别人，更不愿宣传自己扩大影响力。他对自媒体甚至有一种天生的抵触，会公开质疑一些夸大的商业包装，这导致他在业内树敌不少，被认为太"清高"。

这里我要强调一下自由职业者的情商的重要性，它也和自媒体能力息息相关。在自媒体时代，"酒香不怕巷子深"这句话变得值得商榷。

假设一个人具备了曲高和寡的专业能力，他需要明白自己的专业能力需要在商业环境中转换为商业价值，得到客户的认可。如果不能通过商业化途径变现，也就不能把自由职业者作为职场跑道的选择了。

在企业组织内部，员工需要通过自己的技能或经验满足公司某项职能的需求，从而换取相对固定和可预见的报酬。自由职业者则需要自己去寻找客户或者想办法让别人知道自己的存在。在自媒体时代，这就对自由职业者的自媒体运营能力提出了很高的要求。

场景61

有一次，我需要帮女儿了解她大学毕业后继续接受教育的可能性，虽然我对大学和研究机构有一定了解，但由于时间和资源的限制，我需要找一位有经验的留学咨询师咨询意见。一个朋友帮忙推荐了三位留学顾问A、B、C，我翻看了一下他们的自媒体。

A顾问自媒体的内容非常少，多是直白地说自己是最专业的，视频很多都是截取了一些大学的介绍，通用性比较好，但感觉缺乏知识性和实用性。

B顾问自媒体的介绍很有知识性，每一段视频都很长而且用到了多层分析逻辑，解读了什么背景的学生进哪所大学学什么专业，什么人适合读博士，什么人适合读硕士，读博士的优势与局限，等等。同时B顾问介绍了自己的一些成功案例。

C顾问在自媒体上非常活跃，情商非常高。他不仅仅介绍了成功案例，还专门介绍了很多失败案例。他的视频一般都不长，每个视频都着力把一个知识点结合案例讲得非常清晰。C顾问似乎很了解家长和学生的心理，特别提到自己在顶级大学读硕士和博士时的一些亲身经历和心理活动，以及当时同学的毕业去向，还特别提到学习和职业的关系。

我首先接触了C顾问，C顾问在自媒体上回复得相当快，一听说是我那位朋友介绍的，就表示一定重点接待，我们马上拉近了距离。

在建立关系后，C顾问告诉我，最有效的是及时提供孩子的资料并和孩子直接沟通，并告诉我孩子可能有自己的想法，认为我看起来也是非常开明的家长。C顾问情商非常高，他表示了解情况后，争取同时满足孩子和我的需求。

我后面也接触了A、B两位顾问，他们"情"的方面的表现果然跟他们自媒体内容的风格非常像。我相信他们都非常专业，但相较之下C顾问表现出了卓越的商业能力。后来我和C顾问熟悉起来才了解到，他原来在一家大的留学机构工作过一段时间，后来才做自由顾问的，成为自由顾问后做的第一件事就是找到做自媒体的专业人士咨询如何包装自媒体和提升沟通效率。

场景61中C顾问的案例告诉我们，要给别人做咨询，首先要去咨询"如何做咨询"。要做自由职业者，除了要有商业能力，能够与时俱进用好各种新媒体资源也很重要。

善用人工智能

当前，ChatGPT 等 AI 技术不断进步，自由职业者如何更好地利用 AI 呢？我的一位作家邻居提供了一个很好的案例。

场景62

我的这位作家邻居的生活方式让我很是美慕，春天和秋天，他会在小区小花园的长凳上悠闲地晒着太阳发呆，冬天则端着相机四处拍雪景。作家的夫人告诉我，他只在夜里写作，白天主要是睡觉。每次见到他，我都会后悔自己为什么选择标准的职业经理人的生活。

相较于我为了培训和拜访客户总是西服、皮鞋加身，他的穿着也很是时尚、个性和洒脱。

有一次去他家聊天，我发现他家有个奇怪的设备，作家解释说，这是一个 AI 设备，会自动记录我跟他谈的话题，也能自动完成知识的搜索，这让我很是惊讶。他向我介绍了 AI 可以帮他解决的创作痛点：

（1）AI 设备可以自动搜索相关知识点的数据，并根据数据自动生成美观的图表，他只需要从中选一张自己喜欢的就可以了。

（2）他可以通过语言描述生活中的场景，AI设备可以自动生成相应的插图。

（3）AI设备可以识别照片内容，并转化成可以编辑的电子图像，再根据设定风格自动调整构图和配色。

（4）AI设备可以用语音代替打字，自动形成提纲的模板，自己再根据模板填充内容。

（5）AI设备可以将小说转化为动画片，甚至可以转化为电影剧本。

听完作家的介绍，我发现最原始的文学创作都可以通过AI大幅提升效率。

包括AI在内的所有技术，可以替代心智方程中"智"和"身"的一部分，但是"心"和"情"这两个方面是很难被替代的。

在人类社会发展史上，新的技术总是不断涌现和迭代的。原来一个大城市需要几万名电话接线员，现在这些接线员已经被数字交换机所替代，繁忙的码头搬运工也已经被机械化设备替代。类似AI这样的技术可以替代很多工作，但以下这些方面永远无法被替代。

（1）个性化的需求：标准化的知识、技能很容易被AI替代，但是针对个体的个性化的教育、辅导，AI很难替代人工。如果你选择成为自由职业者，在个性化的需求上，AI很难替代你。

（2）艺术类创作：AI 在情感把握、表达及独特性方面无法超越人类。这也是很多自由职业者的长项。

（3）社交相关：在巧妙地处理人际关系方面，AI 难以替代人类。在企业中，涉及商业活动、人际关系相关的专业工作，AI 只能帮你准备资料，它"干掉的"可能是你的助理。

（4）各级管理者：管理者需要处理各类人际关系，对领导力、决策能力和"情"的方面要求很高。AI 可以替代很多"智"的方面的功能，情商方面 AI 还有待提升。

（5）医生、律师等专业人士。AI 可以成为专业人士的好助手，但是无法做出复杂的决策。

（6）专家：在创造性的工作中，专家是新知识的发现者或者更新者，而 AI 只能快速地利用已经存在的知识。

AI 的出现代表着人类文明的进步，除了技术本身的限制以外，道德伦理等方面也存在一些制约。但不管怎样，可以与时俱进地用好 AI，对自由职业者而言也是一项很重要的能力。

你适合成为自由职业者吗

判断自己是否适合成为自由职业者，需要结合 PVS 胜任模型对自己进行评估。

心智方程（P）：具备专业能力，通过心智方程不断完善潜力。愿意为客户带来价值（心），让客户感觉物超所值，愿意付钱；不断积累和不同客户的沟通经验，建立长期稳定的信任关系（情）；在需要加班加点时，可以夜以继日全力投入（身）。

岗位的价值要求（V）：在自由职业者的跑道上不断取得更大的成就，从寻找客户变成客户主动寻找自己；不断掌握更前沿的技能，提高价值产出。

不断完善技能（S）：将成功的经验不断升华为更强的能力；与时俱进，熟练掌握新媒体的技能，考虑如何通过使用 AI 让工作更高效。

例如下面我的一位朋友兴力老师的案例。

场景63

兴力老师原来是时尚杂志社的主编，负责一个几十人的编辑部。随着纸质媒体的衰落，大众阅读习惯也逐渐改变，如果不能及时转到线上，等行业被淘汰，兴力老师所擅长的方法就没有用武之地了。兴力老师精通各类顶级名表的历史和技术发展史，通过数十年的积累和沉淀，形成了一套包括名表的设计、理念及名人轶事在内的庞大知识体系，他对任何一个知识点都可以做到信手拈来。于是，兴力老师从杂志主编变身成为一位奢侈品底层逻辑讲解师和资深大咖，他利用互联网和自媒体的优势，创建了一套对奢侈腕表的量化测评系统，先后出版了两本著作。现在兴力老师已经形成了自己独特的影响力。

通过兴力老师的案例，我们可以看到，想要在自由职业者这一跑道上取得成功，我们需要做的是转变自己的 PVS 胜任模型，不断提升能力和影响力，将这条职场跑道变成自己的坦途。

未来个体会变得越来越独立，越来越多追求自由的人会加入自由职业者的行列，你现在知道自己适合这条职场跑道了吗？它对你来说是一条坦途吗？

第十一章

踏上创业的征途

每个人内心深处都藏着创业的渴望。

成长路径：

专业员工→专家或管理者→自由职业者→自由职业者带
助理→专业技能积累和投入→创建"小而美"的公司

专业员工→专家或管理者→创业→天使投资→风险投
资→规模型企业

自由职业→小型组织关键合伙人→投入利润→中型公
司→投入利润→规模型企业

一些工作能力比较强的人在企业组织工作时，因为不喜欢寄人篱下的感觉，不甘心围绕上级布置的目标被动工作，更不喜欢受人管制，会刻意寻找可以自由工作的机会离开企业或雇主，开始自己的事业，我们称之为"创业"。

结合个人心智方程，通过 PVS 胜任模型进行评估，我发现创业能够取得成功的人真是少之又少。再加上创业后还要守业，面对各种不确定性，创业真的是一个非常艰辛和富有挑战的职场跑道。

根据中国企业联合研究会的研究成果，抽样调查显示，中国民营企业平均寿命仅为 3.7 年，中小型企业平均寿命只有 2.5 年。

虽然现代企业制度以有限责任为核心，但创业失败仍会给个体带来极大风险。社会上有很多光鲜的企业家，但也有大量的创业失败者。

我在本章主要阐述三种公司形态，以及各自对应的场景，分别如下：

（1）"小而美"的公司：具备核心竞争力或者技能，创始人或者实际控制者个人的综合能力构成在市场上独立经营的能力。公司主要依靠创业者个人的综合能力。

（2）贸易型公司：主要依靠创始人或实际控制者的特定经验、特定的人际方面的能力，以及较强的商业判断能力维持经营。

（3）规模型企业：具备包括产品、技术和服务的综合商业能力，组织效率高，能把握市场机遇。组织中有各种专家支撑不同的职能要求，包括技术专家、运营专家、销售专家、人力资源专家、财务专家、质量体系专家、IT系统专家等。这些专家通过协作，为了共同的目标努力，构成核心竞争力。

这三种公司最早可能都是从自由职业者发展而来，但我认为对应的三种场景应该进行清晰的区分，因为按照PVS胜任模型，这三种场景分别属于不同的职场跑道。

随着社会的发展，传统的贸易型公司在消失，又出现了创新交易型公司，我会在第十二章进行介绍。

"小而美"的公司

"小而美"的公司，雇用人数通常少于100人，创业者或者合伙人有核心技术和产品服务能力，聚焦在某个细分市场。这种形态在发达国家是主流。

我带领的公司是一家拥有30名员工的培训和咨询公司，算是典型的"小而美"的公司。公司具备有竞争优势的产品和服务，对客户购买服务的交付主要依赖我和几个专家各自的工作能力，团队成员各有自己的专业，团队具有一定的协作能力。

场景64
我的一个朋友帮我找到一位经验丰富的投资人对我们

公司业务的前景进行评估，看是否有投资价值。正好这位投资者要给自己的孩子选专业，我通过孩子的测评报告对孩子的优势和局限做出了评估，也提出了相应的建议。通过这件事，他对我们公司的"个人职业发展预测"体系有了一定了解，对评估分析的结果也非常满意。但从投资人的角度，他提出了几个问题：

（1）在线问卷式测评的准确度是怎样的？（心理学对测评有信度和效度的评估）

（2）是否有权威机构认证？是否具有权威性？消费者如何相信你？

（3）测评报告自动生成，能否直接给出明确的结果？

（4）如果存在线下深度报告解读的个性化需求，如何做到标准化？

在准备商业计划书之前，他希望我能搞清楚这些和投资价值密切相关的问题。

通过思考，我们很快发现投资时机存在问题。投资人特别是风险投资（Venture Capital）投资一家公司，瞄准的多是这家公司在"不久的将来"的市场价值，而我们公司在可预见的未来5年，最多也就1亿元的市场价值，而且还有很多不确定性。所以结论自然也有了：

（1）随着技术的发展和需求的增加，我们公司所在的行业可能会成为一个大的产业，但目前肯定不是，因此对于投资者，尤其是风险投资来说，不具备投资价值。

（2）未来，当社会普遍接受用"心理学为基础的互联网工具"对自己进行个人职业测评等相关服务时，可能会有机会，但是难以判断这种机会的时间节点。

（3）我们是不是继续做一家"小而美"的公司？如果是，为什么不继续投入已有利润，让公司稳健发展？

对于我们公司是否有投资价值的结论就是：

（1）在当前市场情况下，还没有可能在细分利基市场出现一家规模型企业。

（2）做一家"小而美"的咨询公司，是一个非常好的状态。

（3）也可以在"小而美"的公司的基础上不断投入利润，成为持续赢利的公司，建立有护城河的产品体系，不断扩大业务，未来成为规模型企业。可能会有一些投资者喜欢我们公司这样的，但目前还不是风险投资资本感兴趣的业务。

综合以上，我还是老老实实把"小而美"的公司经营好吧，毕竟这关系到几十个人的饭碗。

我认为"小而美"的公司是创业者应该考虑的重要方向。我们的社会需要规模型企业，同时也需要大量"小而美"的公司，它们是创新、技术和商业进步的主要驱动力，也是专业人士的主要雇主，是社会高水平就业的主要承载体。中大型规模的公司，很多都是从"小而美"的公司逐渐发展来的。

贸易型公司

贸易型公司，其创业者或核心合伙人不需要有核心的产品技术或者服务，而是通过采购和增值卖出商品或服务，通过差价赚取利润。因此，我们可以把贸易型公司的创业者叫作"生意人"。

我的朋友老赵就是生意人的典型代表。

场景65

老赵早年在一家日本的贸易巨头公司工作，这家贸易公司通过销售渠道将全球各种产品卖到中国，也把中国的商品出口到世界各地。老赵很快掌握了很多客户资源，发现这些客户为了满足生产需要在全球寻找各种金属材料，于是创立了自己的贸易公司，白手起家，和国外厂商谈各种代理，保证在不投入的情况下完成贸易，赚取差价，利润相当不错。

2008年底，老赵的贸易公司差点倒闭。一家大型公司预付了 20% 订金，但因为行业危机影响，订的货物价格暴跌了 30%，导致无法付尾款。眼看银行贷款就要到期，老赵只能抵押房产才避免了公司倒闭。老赵由此定下一条规则：预付款不超过 50% 的生意，不做！

老赵会把所有的利润都尽量装到自己的腰包，基本不会对公司进行再投入。

看完老赵的案例，我们就能理解贸易型公司的老板是多么不容易，他们需要凭借自己的经验预见经济的波动，稍微想做得大一些，就面临各种风险。

"小而美"的公司和贸易型公司的区别见表 11-1。

表 11-1　"小而美"的公司和贸易型公司的区别

	贸易型公司	"小而美"的公司
盈利以外的其他理想	没有	有
是否有核心技术或技术诀窍（know-how）	没有	有
利润去向	全部分配给股东	再投入到企业
业务	高买低卖	提供产品／服务的附加值

当然，"小而美"的公司和贸易型公司都有可能发展成规模型企业，这主要看创业者的想法和能力。

创建规模型企业

规模型企业的创业者通常都具备很强的商业洞察力，擅长总结经验，能够前瞻性地协调、调动不同资源，也知道怎么把具备不同能力的人组织到一起工作；能审时度势，放弃无用的商业机会，聚焦更复杂、护城河更宽的业务；知道一定要有自己的绝活儿（或竞争优势），会加大研发投入；因为舍得分钱和花钱在公司上，总有一些人愿意长期跟随；能不断积累技术、团队和资源，慢慢越做越大，成为一家规模型企业。

上文提到的赵总的同事刘总就成为创立规模型企业的企业家。

场景66

刘总几乎和赵总一起离开了那家日资大型贸易公司，并创建了自己的小型贸易公司，让自己的妻子管理公司的财务。在创业的前几年，刘总和赵总都是做金属材料贸易，赚取差价。但刘总和赵总最大的区别在于他们对利润的使用方式不同。赵总基本都用来买车买房了，刘总会将大部分利润进行再投入。因为刘总总是没有安全感，认为自己的这种小型贸易公司很多人都可以做，没有什么特别的竞争优势。

刘总投入之前获得的利润成立了一家金属加工厂，公司也从贸易公司转变为加工产品的增值服务公司，又逐渐在加工厂中配置各种设备，自己进口金属材料，将材料加工成半成品卖出去，产品附加值大幅提高，而且有了自己公司特色的产品。

后来，刘总给自己的产品注册了商标，并且得到国家质量金奖，又花了不少钱请来国际认证机构，拿到了ISO9001质量体系认证。

刘总成立工厂后请了一位之前在国有企业工作、有丰富经验的厂长，并配置了技术部、质量检测部，后来又成立了研发设计部和质量体系部，也让妻子从财务岗位上退下来，专门从外面聘请了一位擅长融资的首席财务官。

2008年底，一家同行的外资企业在中国的经营出现问题，刘总及时决策，利用自有资金和银行贷款买下这家工厂，经过整改，工厂很快实现高效经营，不仅能完成原来很多全球性公司的出口订单，同时开始拓展中国本地市场。

2008年的经济危机成了赵总和刘总公司的分水岭。赵总还是在做贸易型公司，但因为互联网平台的出现，金属材料的成本越来越透明，同时中国企业也有能力生产很多高质量的材料代替进口材料，赵总公司的生意越来越难做。

刘总的公司已经和很多大型公司签订了零件加工合同，

因为质量体系完善，品牌信誉好，很多客户都是慕名而来的。随着中国机械工业产业的发展，刘总的公司又研发了一系列高质量产品，在2014年成功上市融资，并在2016年、2017年相继在欧洲和东南亚完成一系列并购，逐渐成为一家拥有七个工厂和研发中心、产品行销世界的国际化公司。

在我写这本书的时候，赵总已经关掉了自己的贸易型公司，过上了自由自在的退休生活；刘总还是要早晨7点准时出现在工厂，忙于工作。如果是你，你会选择哪种生活？

"小而美"的公司也可以通过融资和风险投资的介入，快速成为规模型企业。几年前找我做咨询的一家智慧城市科技公司，就是遵循了这样的发展路径：在行业内成为高端的设计和解决方案公司后，适当引进资本，通过并购及不断在全国各地开设分公司，招兵买马，成为一家规模型设计和解决方案公司，最后成功上市。创始人和风险投资者都取得了很好的投资回报。但是，作为公司创始人，如果引入风险投资，经常意味着要冒很多的风险：

（1）资本进入后，如果规模没有实现快速扩张，可能会失去公司的控制权。

（2）公司实现规模化后需要管理者有丰富的经营管理经验，创始人是从经营小公司开始的，往往缺乏经营大型企业的经验，容易遇到各种经营管理风险。

（3）风险投资投入后，公司需要在行业赛道迅速形成规模以占据市场领先位置，这种"跑马圈地"的模式在产出后需要继续滚动投入，遇到经济周期波动，很容易因为大规模"失血"而倒闭。

（4）投资方的不稳定。如果投资方无法按照原来的投资计划持续投入，对于被投企业来说可能是"灭顶之灾"："钱烧没了"，又没有利润，企业会迅速倒闭。

（5）上市公司需要在高水平的公司治理的基础上，公布所有的经营细节，满足上市监管和股民的需求，很容易出现合规的问题。

（6）公司前期为了上市，会投入很多"包装"成本，上市之后很多经营问题就会暴露，做企业的"初心"如果被资本绑架，经营风险会非常高，甚至无法持续经营。

不同创业者的个人心智方程对比

场景 67

　　梁教授早年博士毕业后在一家设计院做了 10 多年的材料科学研究工作。20 世纪 90 年代，民营企业兴起，很多行业内的民营企业家找到梁教授，希望他以专家和顾问的身份提供特殊材料研发方面的技术服务。梁教授觉得如果自己继续在设计院工作，就不方便为民营企业提供技术服务，于是"下海"注册了自己的技术服务公司。

当时公司就梁教授一个人，在有了几个正式的业务以后，他招了一个助理负责安排行程、对外联系等。后来因为业务越来越多，梁教授就找到一个原来的同事帮助自己交付项目。梁教授在行业内有一定影响力，为人真诚细致，获得业内的普遍信任。场景 66 中的刘总在从贸易型公司转型为产品型公司时，因为没有足够资金成立自己的研发部，就直接找到梁教授，把研发的工作外包给了梁教授。

梁教授有一个特点就是不好意思出价，于是来找我商量，在我的建议下，建立了一个成本核算机制，在此基础上，参考市场上竞争对手的价格情况，并结合自己的公司在市场上的美誉度给出报价。

我又给梁教授提了一个建议：最好招到一位销售经理，让销售经理专门负责报价，公司可以给销售经理设置针对销售额和利润的奖励办法。

有了销售经理，梁教授就可以专心进行产品的交付工作了。随着销售经理不断在行业内拓展新客户，梁教授的交付能力有些跟不上，于是又从原来单位挖来几个年轻同事，梁教授负责项目的总体设计，把任务进行分解，按项目和下属的能力进行分配。为了更好地分配，梁教授又招了一位项目经理，按项目进行推进，统一管理各个时间节点。

梁教授的公司就这样从一个人的公司变成了一家"小而美"的公司，有了自己的组织和团队。作为创始人，梁教授还是坚持初心，以高端研发的定位为客户在产品设计上提供咨询服务。

梁教授的公司后来成为业内知名的产品设计技术型公司，虽然只是几个合伙人带着几十人，但是轻资产运营，利润非常好，成了典型的"小而美"的公司。

场景 67 中的梁教授面临三个选择，来确定自己未来的职场跑道：

（1）不断发展合伙人，让一些和自己相似的专家加入，构建合伙人团队，打造公司的品牌和影响力，成为业内的规模型企业。但是这个跑道对管理能力要求非常高，梁教授需要思考一系列问题：如何打造组织能力？如何进行内部分配？如何激励不同的人？如何打造自己的知识体系和统一的价格体系？如何打造品牌？

（2）保持低管理成本的状态，在高端市场保持美誉度，风险小，利润可控，万一经营不善，还可以收缩回"梁教授＋助理"的方式。

（3）把公司卖给一些规模型产品科技公司或者设计院。

如何选择，要看梁教授PVS胜任模型中个人的心智方程（P），以及相应的职场跑道的价值诉求（V），以及他掌握什么样的技能（S）。

结合上面的案例和PVS胜任模型，我们可以对"小而美"的公司、贸易型公司和规模型企业的创业者的个人心智方程进行对比，如表11-2所示。

表11-2 规模型企业、"小而美"的公司和贸易型公司创业者的个人心智方程对比

	规模型企业 刘总	"小而美"公司 梁教授	贸易型公司 赵总
专业能力（智）	智力水平中上； 30年聚焦一个行业，从精通一线业务开始；具有行业的预测能力和洞察力；商业敏感度高，深度理解行业价值链的演变。 10分	智力水平高； 专家出身，专业能力强，经验丰富；有简单的构建组织的能力；有将复杂任务分解给不同的人的能力。 7分	智力水平中上； 20年聚焦行业，从一线业务开始，对商业机会非常敏感，能快速捕捉商机。 8分
价值观（心）	希望自己的存在可以对行业效率的提升产生价值。 对于获得的财富、名誉有很高的需求。希望自己公司的员工能够多劳多得，并为他们创造机会，让每个员工在企业中得到他们想要的。 9分	对专业有浓厚兴趣；希望通过自己的专业能力换取生活所需的物质，保持非常好的财富水平，不愿意冒险，会以专业和利润为核心，进退可控。 6分	希望通过自身的能力获得利益，追求自我利益最大化。 3分

	规模型企业 刘总	"小而美"公司 梁教授	贸易型公司 赵总
领导力 （情）	抗压能力、冲动控制等特质情商都非常好。擅长换位思考，从小公司开始做起，在打造业务的同时，也在思考如何将组织不断升级，在人才不足时，舍得花钱从外部引进人才。对外擅长建立长期的信任关系。 不断评估自身效率，考虑改进公司的短板。 9分	抗压能力好，但不是很擅长影响和激励他人，可以找到一些专业人士来协助自己，对人要求高，不希望在管理上投入过多，去满足、激励、淘汰员工；希望人际关系简单。 6分	为人处事灵活，能快速捕捉他人需求，在自身利益最大化的情况下，擅长根据实际情况，激励不同的人，也会淘汰自己认为没有价值的人。 4分
身体	刘总在企业成长过程中，虽然非常忙碌，但知道仅仅靠自己一个人是无法成就事业的，于是找来不同的人帮助他；销售可以把各个层级的客户都铺垫好，自己只需要定期和最重要的客户的老板沟通就好；全职聘用了一位体制内出身的副省长来做公司的行政负责人，外聘经验丰富的财务副总裁，夫人做一下监事；自己有很好的生活规律；早晨会到工厂巡视，在晨会做决策，中午小睡一下，晚上尽量减少应酬，下午4点会去健身房锻炼半小时；晚上和夫人散步构思未来公司的规划。 9分	梁教授从大学时起就养成了规律的作息习惯；早起锻炼半小时；不喜欢和人过多交往；到公司后会先关注最新的技术发展情况，并直接参与一些新的项目的设计；午饭后召开例会，跟进各个项目的进度，发现项目难点；下午针对项目难点和团队一起解决；非常不喜欢应酬，即使非常重要的人，也只是把晚宴时间控制在2个小时以内，顶多喝点红酒；更喜欢和别人单独谈事；梁教授是福建人，基本茶不离桌；喜欢在晚上写研究论文；吸烟是多年的习惯。 8分	赵总好酒局，觉得一切都可以在酒桌上解决；虽然天生的好酒量和好身体，但难免控制不好量；因为不太信任公司其他人，大部分商务活动都是亲力亲为；平时对身体不够重视，缺乏规律性的生活，更没有锻炼的习惯，40岁上下的赵总已经比年轻时胖了60斤；临近50岁时身体亮了红灯；好在业务萎缩，有了更多时间，开始早晚各走5千米，少烟少酒到戒烟戒酒。 5分
总分	38分	28分	20分

当然，就这三位的成就来看，无论经营什么类型的公司，他们都算是非常成功的创业者了。

不同创业者的 PVS 胜任模型对比

上文提到的创业者刘总、梁教授和赵总都找到了最适合自己的职场跑道，他们的心智方程部分（P）表 11–2 有清晰对比，这里我结合 PVS 胜任模型做进一步分析。

我们先来看刘总的 PVS 胜任模型：

（1）心智方程（P）：具备企业家潜力，能成就大事业，为行业发展做出贡献，乐此不疲，并不断探索，将潜力转化为能力。

（2）职场跑道的价值诉求（V）：认为一定要抓住时代的机遇，打造一家行业内有规模、有核心技术并不断迭代的大型公司，希望团队成员都能过上理想的生活。

（3）技能（S）：刘总为了公司能够不断成长，坚持学习和思考，提升自己的经营能力、行业洞察力、吸引人才的能力和授权等综合领导力，同时在财务和研发方面也不断提升自己，有时间就会参加一些商学院的总裁班；对于外部投资者、政府等利益攸关方，他也能够与之建立良好的关系。

赵总的 PVS 胜任模型分析如下：

（1）心智方程（P）：典型的个人业务能力强，希望为自己赚钱，实现美好生活。

（2）职场跑道的价值诉求（V）：贸易是商业社会的润滑剂，

做贸易可以提高市场的流通效率，容易产生利润，不用大规模投入，风险也最小。

（3）技能（S）：赵总个人的业务能力很强，天生具备良好的人际沟通能力和商业敏感度。在对公司的管理上，更愿意招聘一些听话的人。因为担心客户被带走，赵总也不愿意培养下属。赵总非常愿意找外部的专家帮助自己实现经营、税收上的优化。

梁教授的PVS胜任模型分析如下：

（1）心智方程（P）：个人对专业兴趣高，擅长长期钻研，也希望自己的人生和财务都能更自由一些；在掌握了专业技能和具备全面的能力后，不断提升综合解决问题的能力。从设计院辞职，成立公司做老板，摆脱了打工者的身份，凭自己的本事吃饭，在技术上更有实践的机会。希望通过自己的能力实现一个专家的价值。

（2）职场跑道的价值诉求（V）：梁教授只是想在行业内拥有自己的专业地位，但一个人单枪匹马肯定不行，还是需要团队，最好是几个志同道合的人一起干。梁教授也深知，自己需要控制规模，因为高端技术市场就这么大，在高端技术市场，成为一家有影响力的技术公司是他的梦想。虽然行业内也有一些标准化的低端和中端项目可能很赚钱，但对梁教授来说，他更注重追求学术价值，挣的钱能保障生活就够了，"小而美"的公司就是自己想要的。

（3）技能（S）：梁教授仔细分析过自己，专业方面的把控他一点问题都没有，但他不擅长公司经营和管人。能发挥自己专业的技能就好，更适合做一家简单的小公司。

三位不同类型的创业者，结合 PVS 胜任模型，走出了三条不同的道路，各美其美。现实生活中最怕的就是互相羡慕对方的跑道，却不能在自己擅长的事业上取得成功。

避免"这山望着那山高"

上面三位创业者都对自己的心智方程有清晰的自我认知。不能否认的是，绝大多数人都容易在自我认知上出现错觉，甚至灾难性的误区。

曾经有一段时间刘总很羡慕赵总，觉得他轻轻松松就把钱赚了，利润不用再投入，还不用在管理方面费心。自己经营工厂投入这么多，到年底算账时还没有赵总利润多，因为赚的钱都给员工发工资和投入研发了。

赵总有很长一段时间也很羡慕刘总，看着他的公司"兵强马壮"，在业内也很有影响力，还心血来潮找我商量，想要招兵买马搭建团队，把公司做大，被我劝退了。

梁教授有时候也想成为刘总，毕竟在行业内从研发、产品、生产效率、商业能力到企业综合能力，刘总都很有影响力。我和梁教授有过一次深入的沟通，得出的结论是，梁教授的技术领先型的"小而美"公司带来的技术价值，对行业的贡献也是巨大的，梁教授的心智方程更适合这样的公司。

我们的社会需要海量的贸易型公司，它们提升了社会的整体流通效率，是经济发展水平的重要指标。因为贸易型公司的存在，我们可以买到个性化的手表带，也可以找到吉他代理行订制特殊音色的古典手工吉他，甚至是抽水马桶的特殊配件坏了，也可以通过网上店铺找到。而规模型企业是由"使命—愿景—价值观"体系驱动的，不断在技术进步和商业效率上持续投入，购买专业公司的产品和服务，雇用各种专业人士，是社会发展的重要驱动力。

"小而美"的公司需要将个人专业度转化为商业行为，为社会特定的需求提供专业技术的产品服务和咨询工作。在社会分工越来越精细的时代背景下，小而美的专业型公司将成为社会的主要构成因子，就像日本和德国这些制造业发达的国家及中国的珠三角、长三角地区，一个特殊的小零件都会有专业小公司提供。

不管企业的规模是怎样的，只要是合法经营，都可以给社会带来正面的价值。

创业者如何自我评估

如果你也想在自己选择的创业跑道上取得成功，将这条艰辛的职业跑道变成坦途，首先要根据 PVS 胜任模型来评估自己。

（1）P：一定要根据自己的心智方程，认识到自己的优势与局限。

（2）V：创建一家和自己心智方程相符的公司，在创业的职场跑道上理解这条跑道的价值诉求。

（3）S：了解自身的潜力，在此基础上不断学习，弥补自身的不足，不断丰富自己的经验，也可以找到具备相应技能的人，激励他们加入公司，并利用好他们的技能。

另外，我们需要在创业早期评估自己个人心智方程的"智—心—情—身"四个方面。

我经常看到，一些人心智方程的"心"就是希望获取财富，也有一定的能力、情商，结果因为赶上了好时机，做成了一家规模型企业，但他们只想从企业获取财富，不愿意在研发上投入，不愿意创造价值，不愿意将利润再投入，导致企业在新的竞争环境中失去竞争力，就"轰然倒塌"了。

如果个人心智方程适合做一家"小而美"的公司，却误打误撞成了大企业，那么围绕大企业的工作价值观（V）的要求，创业者需要具备四项能力：

（1）战略思维能力和洞察力；

（2）核心技术的积累、资源整合、战略聚焦及市场细分等商业（业务）能力；

（3）构建高效组织的运营能力；

（4）管理人的能力：聚集各种合适的人才，激励他们，发挥每个人的潜力和能力。

如果这些技能不足，很容易导致战略判断失误，或者经营效率低下，难以为继。如果因缺乏核心技术而盲目在研发中投入，财务风险就会增加，即使能成为规模型企业，也往往会在经济波动的时候出现问题而倒闭。

你适合创办一家规模型企业，还是"小而美"的公司，还是成为一个赚钱的商人，这个问题留给大家思考。

创业没有失败者

创业只属于极少数人的游戏，不管是创建什么规模的公司，都很考验人的心智方程四个方面的能力。

（1）"智"：可以发现自己的业务能力、产品能力是否不足，运营系统是否有效率，对商业的认知有无局限，知道如何提升自我。

（2）"心"：创业者无论如何都要先投入资金，承担风险，如果业务无法赢利就会亏本，扣除各种成本剩下的才是自己的。创业者群体驱动了社会的发展，给大多数人提供了工作保障。

（3）"情"：当一些问题自己无法解决时，需要找人组建团队。那么如何找到那些具备专业能力的人，并让他们组合成为高效的团队，进而互相协作成为一个企业组织？又如何协调外部资源？这对创业者的情商、领导力和沟通能力甚至个人魅力都提出了很高的要求。

（4）"身"：一旦创业，就会发现时间永远不够用，那你是否还有时间去提升自己的"身"的层级？如果不进行投入，身体能否扛住内、外部的压力？是否能以积极心态看待短期的风险和长期的不确定性？

　　创业这条职场跑道可以把个体的全部潜力激发出来，虽然坎坷不平，却能历练人生。在创业的道路上，个体可以通过PVS胜任模型了解自己的心智方程（P），同时了解"创业场景"下的价值诉求（V），不断完善自身的技能（S），将创业变为职业生涯的坦途。

　　时代在快速变化，一些新兴的创业机会不断涌现，下一章我会介绍创新交易型公司，你可以结合自己的PVS胜任模型看看是不是适合自己。

第十二章

创新交易型公司

积厚而发，厚积薄发。

成长路径：

金牌销售、业务负责人、业余爱好者、买手、自由职业者、
导游、文艺工作者——自由职业者带助理——创建创
新交易型公司

前文提到的创建"小而美"的公司、规模型企业和贸易型公司的人都是创业者。随着新的商业模式和技术的发展，新的创业形态和新兴的商业机会也开始出现。我在本章会分析一些新兴的交易型公司，我把它们叫作"创新交易型公司"。它们在自身专业经验和商品洞察为核心的贸易能力基础上，能够将传统的营销手段与自媒体平台结合，进行数字化营销，虽然也有带货行为，但明显区别于常见的"主播带货"。

创新交易型公司最核心的能力是交易能力和资源整合能力，它们能够预判客户的需求，寻找相应的资源或者把资源组合起来以满足客户需求，从而获得收益。创新交易型公司通常会利用现代的数字化营销手段。

当前，创新交易型公司的创业者人群正在迅速扩大。他们之前可能是自由职业者或者徒步探险的达人，利用个人的 IP 产生影响并在社交媒体产生流量，再把流量转化为商品的销售，并由专业团队来运营。

比如，有的人原来只是精密机械手表的爱好者，因为逐渐在论坛里树立了信誉和权威度，摇身一变成为二手奢侈品牌手表的交易商，通过在自媒体平台直播来带货。因为对各类手表品牌比较了解，他们可以根据客户需求帮他们找到适合的手表，利用自己的知识和资源获取利润；同样，他们也可以通过专业团队和自媒体平台进行商业活动，商业场所从实体店逐渐转向线上自媒体平台，或者采取线上线下结合的方式。

什么样的人适合创新交易型公司

我的身边快速出现了一些创新交易型公司的老板或者商人，他们是社会经济的重要载体。这条职场跑道对于心智方程的"智—心—情身"四个方面要求如下：

"智"：交易能力超级强。他们一般都具备很高的商业敏感度和财商，或者对某一商品的技术、产品、客户需求和流通等有很好的综合研究能力，甚至这一商品就是自己的爱好，同时非常了解自媒体平台。

"心"：渴望"财"，喜欢自由、不被约束的生活，不怕承担风险。这一点跟自由职业者有些类似，但自由职业者更聚焦于自己的专业技能（解决客户的具体问题）。

"情"：他们的同理心非常强，能够很快发现市场和客户的需求，同时还能搞定相关的利益方，比如供应商、物流、检测等各个环节，也会组建自己的小型贸易公司，理解短视频如何影响客群并完成转化。

"身"：创业者的身体素质必须好，他们需要花大量时间进行沟通，自媒体平台的短视频剪辑、直播也经常需要起早贪黑。

场景68

莉莉在大学学的是法语专业，毕业后加入一家法国工业品公司，一年会有几次机会去法国开会或者带客户到工厂做检测。工厂在法国的产酒区勃艮第，接待客户的方式就是邀请来访者去附近的酒庄按照法国人的方式品尝葡萄酒。几年下来，莉莉成了品酒的专家，在多次参观酒庄后也和一些小型酒庄建立了很好的关系。莉莉本身对工业品的兴趣并不高，她发现国内法国产葡萄酒和原产地的葡萄酒价格存在巨大差异，在了解了中国从法国进口葡萄酒的全部流程和如何解决物流问题后，她辞去了大公司稳定的工作，成为一名小众葡萄酒贸易商。她在中国找到了葡萄酒零售商，通过自己的大学同学找到一家具备酒类进出口权的大型进出口公司，又和法国的几个私人酒庄签订了代理合同，生意就这样逐渐做了起来。

最初莉莉缺乏资本，只是小买小卖，天天担心酒在物流运输中出现破损或者报关出问题，几次下来，巨大的利润差价让莉莉发现了自己擅长的事。她开始招聘助理帮忙打理物流和报关等事宜，自己则专注于和法国酒庄的商业合作及开拓更广阔的客户群体。

做葡萄酒贸易风险也很高，有一次海关出了新规，而报关代理行没有及时通知莉莉，导致她进口的一批葡萄酒无法正常交货，并且要承担高额的港口滞纳和本地熏蒸费用，半年赚的钱一次都给赔了进去。

莉莉在刚开始的时候压力很大，时刻不敢放松，每个环节都要操心。比起自己当年在跨国公司住高档酒店、旱涝保收的场景，种种艰辛让她有时候怀疑自己为什么要选择现在的路，但看到账户中躺着的百万收入，她还是觉得各种操心和压力都是值得的。

在生意走上正轨后，莉莉也学会了放松自己，让助理跟进细节工作，自己则在百忙之中抽出时间做自己想做的事情。

场景 68 中的莉莉在各种商业活动中辛苦地忙碌着，但是每每想到自己在时间上的灵活性和财富状态的改善，以及有足够的钱来购买自己喜欢的东西和支持自己的爱好，一切辛苦和付出都是值得的。这种想法既是创造财富的机会，也会带来意想不到的风险。

财富与风险

当然，贸易公司对创业者的能力要求很高，莉莉学习法语的优势及之前常去产酒区出差的经历帮助她成为先行者，但她也要面对酒业行业的变化和外部规模型企业的竞争。

贸易公司的创业者擅长抓住客户的核心需求，获得客户信任，同时聚焦到高附加值或比较容易隐藏利润的产品和服务上，通过建立人际关系来达成交易。当然，这种生意也非常有随机性，如果之前的客户出现变动，或者代理的产品失去竞争力，会很快影响到公司的业务，好在优点是船小好调头，可以灵活切换产品、服务，重新建立人际关系。

越是小众、特殊的产品或服务，或者很新的高利润产品，有商业头脑的生意人越关注。

随着国内葡萄酒的不断普及，有更多的竞争对手加入酒商这个行业。场景68中的莉莉的葡萄酒生意随后出现重大的危机。一家做外贸服装起家的中型贸易公司的吴老板凭借自己多年的商业嗅觉，发现葡萄酒业务存在高额利润空间，而且国内对各种档次的葡萄酒的需求在迅速扩大。他去法国拜访客户时找到一些家族经营的小众葡萄酒庄，其中也包括莉莉的供应商。

吴老板发现莉莉虽然与酒庄建立了长期的合作关系，但是因为实力有限，并没有采取措施"独家买断"，于是吴老板和酒庄商量将一些年份酒"独家买断"，这样对酒庄而言有更好的规模效应，成本更低，吴老板也拿到了更低的价格。而莉莉没有及时改变市场销售的策略，导致她的葡萄酒在价格上缺乏竞争力，结果下游客户都开始从吴老板那里进货。莉莉的货款都压在酒上，最后只能甩卖，损失了几年的利润不说，最后只能淡出葡萄酒贸易市场。

莉莉遇到的情况是贸易公司常见的问题，应该及时作出调整：

（1）当生意或者交易出现问题时，及时关闭公司业务，哪怕承担一些损失，但不是所有人都具备壮士断腕的决断力。

（2）保证库存的高周转率。

（3）改变业务方式，增加投入，按吴老板的方式提升竞争力。

（4）吴老板可能是最佳商人，他及时地发现了新的机会，敏感地发现了服装出口行业的问题，及时调整业务，改做葡萄酒酒商，成功利用自己的商业敏感度和财商，完成了转型。

商业头脑与把握时代

互联网的出现催生了阿里巴巴和 ebay 及各式的拍卖网站，使得很多传统贸易商必须不断切换贸易场景来保持业务。如果抓住了交易型贸易公司的特点，就可以利用自媒体平台、电商甚至 AI 等场景和技术，完成商业场景的转换。

莉莉的葡萄酒生意失败后，她赔本甩卖了自己的订货和库存，有些消沉，闲下来后开始专注于自己的兴趣，收集自己喜欢的欧洲老瓷器。凭借自己的商业敏感度，她发现自己的爱好被很多人熟知，近些年开始有人委托她购买欧洲老瓷器作为装饰品。她在国内高档购物中心闲逛时，发现欧洲瓷器厂的柜台越来越大，同时在欧洲旧货市场很多品相好的二手精品瓷器越来越少，不断涨价。于是她开始有了一个新的商业想法，并付诸行动：

（1）在欧洲一个熟悉的物流中心找到库房，在原来做葡萄酒业务时合作的物流公司帮助下，把库房改造成瓷器的包装中心。

（2）把贸易公司原来的助理找了回来，因为助理之前就经常帮助她寻找一些瓷器和欧洲的旧货商店，现在助理的任务是帮莉莉在网上搜索各种欧洲名瓷。

（3）莉莉找网页工程师设计了一个关于欧洲名瓷的知识型网站，把自己在瓷器上多年的知识积累和心得写成文章放在上面，并开始在自媒体上直播。

（4）莉莉卖掉了一套住房，用所得资金在二手拍卖网站上购买旧的名牌瓷器，或者通过买手在旧货商店和著名的旧货市场淘买，并转运到欧洲的仓库进行清理和重新封装。

（5）和很多游走在欧洲、美国、澳大利亚的古董收购商建立了商业关系。

（6）和国内电商平台建立商业关系，这次不是卖酒，而是卖旧瓷器。

莉莉对这一切的商业操作那么熟悉又充满了激情，她没有想到自己的爱好随着社会的发展，居然也变成了生意。

数字化营销技能是必备能力

这次莉莉吸取了葡萄酒贸易的经验和教训，开创了一个全新的职场跑道，也就是我前面说的创新交易型公司。

她找到数字化营销专家进行咨询，学习如何录制短视频在线上自媒体进行宣传。她对瓷器知识有多年沉淀和积累，再加上营销专家的培训，很快就可以做出很生动的短视频了。她的目标是成为线上最大的欧洲旧瓷器经销商。

我们利用PVS胜任模型分析一下莉莉创办创新交易型公司的优势。首先心智方程（P）的优势如下：

（1）"智"的方面：莉莉喜欢瓷器和艺术，识别和欣赏这些瓷器也是她的技能，她有动力去了解这些瓷器。

（2）"心"的方面：这是莉莉的个人兴趣所在，原来她做生意赚钱就是为了买瓷器摆在家里。

（3）"情"的方面：她具备相关资源，早期常年在欧洲出差，探访过各种旧货瓷器市场和商店，对供应商非常熟悉，有广泛的人脉关系；与瓷器爱好者有共情的能力，知道什么人喜欢什么样的瓷器。

（4）"身"的方面：因为是自己的爱好，所以莉莉乐此不疲，在录制短视频和直播时充满了活力和激情。

价值诉求方面（V）：

莉莉希望自己能在欧洲名牌中古①瓷器方面取得成功。国内个性化消费需求快速扩大，中国对欧洲名牌瓷器个性化需求的大幅增长，决定了这个商业场景可以产生大量的附加值。

技能方面（S）：

（1）数字化的经营方式可以直接触达消费人群，并通过社

---

① 中古一词来源于英语 Vintage，意思是制作精美的旧货。

交媒体进行传播；

（2）充分利用搜索引擎及电商平台；

（3）对欧洲瓷器的知识和分辨能力（难以复制）；

（4）在线经营仓储物流方面的能力；

（5）对欧洲中古瓷器货源的把握；

（6）资金投入和现金流控制经验；

（7）短视频拍摄剪辑，自媒体平台的直播。

总结一下，莉莉需要学习最新的数字化营销手段，结合传统的商业营销手段，把自己打造成著名的欧洲中古瓷器带货商，成为一家创新型交易公司的老板。

这些新的能力包括：撰写公众号文章并将公众号的内容在潜在客户中进行传播，利用自媒体平台进行短视频的制作并提升传播的覆盖面和传播速度以增加流量。如果可以通过流量建立销售漏斗，就能将具备高成交可能性的潜在消费者转化为客户。

在莉莉的商业案例中，我们可以发现，传统的贸易场景正在发生巨变，多样化的社会更需要各个细分市场上的创业者通过全新的工具来满足这些个性化的需求。

发现商业模式：盘活身边的资源

莉莉和吴老板都具备很强的商业敏感度，社会分工的细化也给很多人在大公司以外就业提供了更多机会，同时也给了很多创新交易型公司更多获取资源的机会。场景 69 是一个创业案例。

场景69

小桑在一家大型企业从事财务工作，这份工作对于他来说没有什么大的挑战。随着财务系统电子化及数字化的推行，小桑所在的财务部门需要的员工越来越少，很多工作逐渐被数字化的第三方服务商所代替。在公司的一次"创新与变革培训"中，他感受到了危机。

培训师在现场让参与培训的人写下10年前的工作场景，再写下现在的工作场景，然后再想象一下10年后的工作场景。财务报表生成和计算方式这20年的变化如表12-1所示。

表12-1　财务工作的场景变化

	10年前	现在	10年后
财务准则	没有变化	没有变化	没有变化
数据录入	人工	系统自动采集	系统自动采集
数据分析及报表生成	财务人员理解公司需求，人工制作及生成电子表格	财务人员理解公司需求，人工设置需求，系统自动调整	决策者输入公司需求，AI智能化财务系统输出结果，决策者进行选择

小桑仔细思考了自己未来的职业发展，其实财务工作对于他来说只是一个谋生手段，他也认识到自己无法成长为综合能力强大的财务副总裁。小桑分析了自己的优势，发现

最适合自己的是音乐设备和器材相关的工作。小桑是一个典型的音乐硬件发烧友，他会修复老的电子音乐器材，如黑胶电唱机、电子管收音机、电子管功放等。

小桑对音乐器材也有独特的见解，很早就在论坛和微博上写了很多文章，有很高的阅读量和大量粉丝；有了抖音短视频和小红书等社交媒体平台后，小桑凭借自己的积累和表达能力，拥有了众多的粉丝。他自己修复的一些老的音响设备在专业的发烧友网站上很有市场，而且这个需求在快速扩大。小桑开始思考自己是否能成为一个个性化的"音乐设备提供商"。

于是，小桑又进一步分析了自己的情况，发现自己有优势，也有一些局限：

（1）修复电子管放大器，需要焊接，虽然自己可以做，但是技术一般。有很多原来就在电子厂做焊接工作的人技术比自己好。

（2）在电子器材的货源上，广东的江门和佛山是最大的集散地，这里有很多集中了世界上很多老旧电子元器件的市场，但自己身在北京。

（3）在客户端，很多人已经开始制作个性化的设备，并且在市场上有足够的宣传。

经过评估，小桑觉得做个性化的"音乐设备提供商"似乎自己没有什么优势，这个想法也就放下了。

正巧远在丹麦的姑姑邀请小桑去参加自己孩子的婚礼，小桑在丹麦发现姑姑和姑父已经退休，过着悠闲的居家生活，姑父是深度音响发烧友，闲来无事在家里也会捣鼓各种音乐设备。丹麦是世界声音设备的强国，这样，小桑的创新型交易公司的商业逻辑就出现了，接下来主要是整合自己周围独特的资源。

小桑的优势在于自己在自媒体上专业的形象和众多的粉丝，那么可以怎么整合这些资源呢？

（1）丹麦退休赋闲的姑父可以在欧洲找到各种优质电子元器件和一些顶级品牌的器材甚至整机。

（2）小桑可以在广东设立自己的小型工作室，找到专业的焊接组装师傅。

（3）小桑的粉丝群体聚焦了细分的客户人群，大家都希望有很好的音乐体验，对设备外观审美有很高要求，同时具备一定购买能力。

（4）组建数字化营销专业团队，通过自媒体传播并带货，发掘潜在客户。

（5）销售团队不是简单推销，而是聚焦客户需求，给出解决方案并据此报价。

小桑把这五个条件组合到了一起，有了独特的优势，尤其是丹麦的资源，实现了创新交易型公司的创业。

创新交易型公司在商业实践中，如何产生收益又该避开风险呢？下面我来总结一些生存法则。

创新交易型公司的生存法则

市场条件下，很多人总结了商业社会的生存法则，结合莉莉的案例，我最欣赏的是下面几条：

（1）拥有相对比较优势：自己有一些特定的优势。如果没有丹麦的姑父帮小桑找到欧洲顶级的元器件和器材，以及小桑在自媒体上针对细分市场特定人群的影响力，小桑相对别的竞争对手就没有什么优势了。

（2）投入与产出：莉莉的欧洲中古瓷器生意有足够的附加值支撑她形成一定的规模化。小桑也需要广东的小型工作室来保障产品质量。

（3）资源的聚焦：避免资本的进入。资本进入就会对产出有要求，莉莉和小桑的创新交易型公司产生利润是需要周期的。要尽量利用自有资金或者找到志同道合的人，这样一切都可以"我的地盘儿我做主"，随时调整节奏和赢利模式。

随着传媒和技术的发展，商业也会快速迭代。新兴的商业模式对企业提出了更高的要求，我认为创新交易型公司需要注意以下几个方面：

（1）利用数字化营销手段，保持高质量的分享，坚持一段时间并不断评估效果。没有质量的数字化营销无法完成长期的商业转化。

（2）将资源投入目标的细分市场，在大小平台的小众人群中产生影响力和进行传播，避免陷入大众市场的竞争。大众市场虽然流量高，也可能在一段时间内产生巨大的影响力和传播效应，但也可能很快成为"流星"。

（3）坚持细节，坚持品质。

总结一下，创新交易型公司给了创业者一些全新的创业场景——"带货"，但与传统贸易公司一样，也需要对特定的商业维度有深刻的理解和交易能力，结合上面的案例来说就是：

（1）莉莉在欧洲名厂瓷器的知识沉淀和购买经验，对供给侧和需求侧的把握。

（2）小桑对高端音响器材的天赋和多年来的积累，对核心能力转化为交易能力的把握。

（3）利用专业团队，在自媒体平台将自己包装成专业的形象。

这些积累让莉莉和小桑等有了自己独特的"护城河"，希望这种创新交易型公司能成为更多人选择的一条自在的职场跑道。

第十三章

跨越职场陷阱

开弓没有回头箭，一路是坦途。

拒绝做职场迷失者

我已经走过了个人职业生涯的大半段，看到身边很多人都或主动或被动平庸地结束了自己的职业生涯。归根结底，这种情况大多数是因为没有做好自我认知，没有根据自身潜力选择适合自己的职场跑道。

我之前有一个同事黄总，人很聪明、专业也很理想，绩效总是能很快超出同事，但他在几家公司都是干两三年，新鲜劲儿过去就开始抱怨上级能力不行，公司资源不够，然后辞职离开。在35岁到45岁的黄金年龄跳了几家公司后，行业内都知道他爱挑别人的毛病，无法踏实苦干，遇到挫折爱抱怨。结果，50多岁的他只能跟别人讲讲自己多么"力挽狂澜"又是多么"被不公平对待"，在抱怨和不满中度过余生。

我们身边不乏这样的人，可以把他们称作"迷失者"。我曾经的一个西班牙同事大卫就是典型的迷失者。

场景70

大卫和我在一家全球公司的中国团队共事了两年。当时我负责中国业务，集团层面把全球汽车业务独立为事业部，并把大卫派驻到中国，负责亚太和南美地区的汽车业务，他需要从我手上接管汽车业务。大卫年轻聪明，富有朝气，并且学习能力超强，很快就发现了中国、韩国和印度的汽车市场的发展规律，他擅长和咨询公司沟通，也很有发展业务的经验。大卫快速扩充了自己的业务团队，总是希望倾斜所有的资源给他的乘用车事业部，而我负责的中国区其他两项稳健的业务也需要支持。我们在人员和费用的市场投放上产生了矛盾。他的上级也希望他注意费用控制。大卫很是恼火，认为自己在一条快船上，却无法掌握足够的资源去抢机会。后来大卫确实抢到了资源，中国的业务增长非常快，但因为之前大卫承诺的目标太高，上级对他的表现还是有些失望，尤其是全球财务负责人认为投入产出比不够高。尽管我已经尽量配合了大卫，但他还是认为我在和他抢资源。大卫抱怨上级无法给他足够的信任和支持，也去总部表达过对我的不满。正巧，另外一家业内大型竞争对手H公司这时向大卫抛出了橄榄枝，H公司也希望在全球新兴市场的汽车行业快速扩张。大卫选择离开并加入H公司。但H公司和我们公司区别很大，我们是专业高端品牌公司，而H公司虽然规模很大，但主要产品是大路货。H公司的管理层和管理方式也相对死板和保守，只是一时兴起想进军汽车的细分市场。虽然在招聘时对大卫作出了很多权利和资源的承诺，但是大卫入职不久，招聘大卫的副总裁的战略在H公司失去了优先权，H公司缓慢的审批流程也让大卫四处碰壁。大卫进攻性的性格特点也和H公司保守的文化不符，在H公司工作两年后，大卫又选择了离开，去行业内一家小型公司做全球市场销售的副总裁。他很快就帮助这家公司打开了业务局面，但那家小型公司实力平平，资源、产品、客户服务上相对匮乏，大卫的业务很快也出现麻烦，小型公司的总裁很快对大卫失去了兴趣。在这家公司工作一年多以后，大卫最终选择了离开。

10多年的时间内大卫换了7次工作，虽然他在人才市场上小有名气，哪家公司需要一些新鲜的业务，或者希望快速进入某个行业时就会邀请大卫加盟，但一两年后大卫完成了任务就失去了价值，只能选择离开。

像大卫这样不断跳槽的人，虽然解决问题的能力超群，但他们总是无法长期在一个公司工作。他们会抱怨公司内部的环境，或者其他部门不提供支持，虽然能快速发现并捕捉机会，但这种能力也是一把"双刃剑"。因为他们同样能发现有利于个人发展的外部机会，凭借自身的商业洞察力或技术能力，也往往很快就能得到新的工作机会。

对于这类野心勃勃但是缺乏耐心的能人，我通常给的建议都是：当认准了适合自己心智方程的职场跑道，就一直跑下去，直到取得成功。

我在一家企业做人才测评项目时遇到一位专家彭博士，他是一家医药上市公司的技术服务总监，他的案例很好地说明了顶级专家是如何自我迷失的。

场景 71

彭博士在进入公司以后很快就成为药品研发方面的专家。虽然研发工作自由度高，他也有一定的科研成果，但工作两年后，他逐渐发现公司不同层级的管理者的收入差别非常大。彭博士的上级的技术水平不如彭博士，但因为是总监，担负管理工作，收入比彭博士高出很多。另外，由于公司对业务非常重视，销售、市场等部门的收入也比研发部门高了不少。

有一次，负责业务的副总裁需要彭博士就一个新药对客户进行技术上的讲解，彭博士的表现引起了业务副总裁的注意。于是业务副总裁和彭博士商量，问他是否可以到业务部门做商业技术助理，这样他的职级会变为技术服务总监。因为业务部门有高比例的奖金，彭博士的收入会比原来研发专家岗位的收入增加一倍。彭博士想到房贷和孩子的教育费用，痛快地答应了。

在技术服务总监岗位上，彭博士利用自己的专业知识，帮助销售团队获取业务机会。他虽然留恋"加班加点在实验室埋头工作的状态"，有时也并不喜欢去见各类人，但为了获得更高的收入，彭博士一直坚持着。

6 年后，彭博士发现，自己原来的助理小蔡当上了研发总监，成为公司研发的核心。又过了 4 年，小蔡被任命为公司负责研发的副总裁，彭博士虽然也成了公司的"售前专家"，但是他们不同的工作，产生的价值完全不一样。小蔡成为业内"炙手可热"的研发专家，在国内成为行业的领军人物，公司上市前期，董事长已经承诺会给小蔡相应的股权激励。这时公司也从商业导向转为技术导向，小蔡的收入已经和业务副总裁的收入持平，甚至有传言研发的股权激励远远超过了业务部门。

而专业基础更好的彭博士却成为一个擅长应酬各类客户的"万金油"。虽然他已经厌倦了销售工作，但是"过了这个村儿，没有这个店儿"，他已经回不去了。

如果当初彭博士再坚持一下自己的研发工作，10年以后的成就可能大不相同。

场景71中，彭博士不是跳槽，而是为了暂时多一些收入，切换了自己的跑道，没有从专业人士走向专家，而是成了业务层面的"万金油"。他也可以成为业务方面的专家，但是可替代性太高，终将不是一个高价值岗位。

PVS 胜任模型的技能误区

在 PVS 胜任模型中，了解自己的心智方程并选定了职场跑道后，不断积累技能是成功的关键，在成为管理者和创业的职场跑道上更需要不断学习各项技能。

专家、管理者和决策者的技能（S）主要由三个方面构成，如表 13-1 所示。

表 13-1　专家、管理者和决策者的技能差异

	专家	管理者（非决策者）	决策者（一把手）
专业能力	+++++	++++	+++
组织运营能力	++	++++	+++++
战略决策能力	++	+++	+++++

结合表 13-1，决策者（"一把手"）的一些专业能力并不需要提升到很高水平，那是否可以通过寻找更适合的专业副总裁来解决问题，而不是把自己变成全方位的专家呢？答案当然是肯定的，但是组织运营能力和战略决策能力是必须具备的。

创业者的技能（S）三个方面的要求如表 13-2 所示。

表 13-2　三种创业者的技能差异

	贸易型公司	"小而美"公司	规模型企业
专业能力	++	+++++	++++
组织能力	++	++	+++++
资源能力	+++++	+++	+++++

我们需要不断评估自身能力，并在自己选择的职场跑道中

不断提升相应的能力，而不要轻易更换跑道。比如，如果一个人的心智方程更适合创建"小而美"的公司，但缺乏组织能力，那就轻易不要跨到规模型企业的跑道上。专家如果缺乏商业洞察力，就要避免去做高级管理者。贸易型公司专注资源变现，就要避免在不擅长的专业能力上过度投入。

在 PVS 胜任模型中，根据心智方程扬长避短地做出职场跑道选择的核心原则，是避免用自己的弱项去和别人的强项竞争。

在企业组织中，根据岗位的不同，专业工作对应的矩阵如表 13-3 所示。

表 13-3　不同专业工作与岗位的对应

	技术型专业	支持型工作	管理型工作
顶级	首席专家		领导未来
高级	高级专家		领导、管理全部业务
中级	中级专家		领导、管理多个业务
合格	初级专家	管理	管理一个项目
初级	专业人士	高级职员	
基础	助理	职员	

技术型专业：需要用脑和专业技能、有一定创造力的工作。一家规模型企业就是由多个专业组成的，比如财务、销售、研发、物流、精益生产、质量体系、供应链、人力资源、战略、

品牌等。当然，随着 AI 技术的发展，一部分工作也会转化为支持型工作。

支持型工作：标准化的工作，比如一线生产、安保、质检、行政及各个职能部门的文员等。

管理型工作：制定和执行公司的规则，通过管理手段和领导力，将群体变为组织，不断完成任务和提升效率。没有人一上来就可以从事团队管理工作，一般都是从技术型专业或者支持型专业开始。

场景 71 中的彭博士其实犯了一个错误，就是从技术型专业转向支持型工作。虽然开始时支持型工作的层级较高，但这个职位基本上就是支持型工作的天花板。小蔡反而从"资深专家"走上了"首席专家＋管理多个业务"的技术副总裁岗位。

不同类型岗位的不同层级对个人心智方程的要求也是不一样的，如表 13-4 所示。

表 13-4　心智方程在专业岗位的差异

	智	心	情	身
高级岗位	战略思维能力	长期信任	决策能力	活力四射
中级岗位	组织运营能力	中期信任	协同能力	精力充沛
初级岗位	专业业务能力	短期信任	沟通能力	身体健康

结合表 12-5，如果没有在一条跑道上的长期坚持，个体很难做到高级岗位。无论是在企业遇到低谷时离开，还是因为无

法与企业建立长期持续的信任关系而离开，如果你不信任企业，那企业又为什么信任你呢？当然取得长期信任并不取决于你在企业工作的时间长短，而是上级相信你无论在企业的高峰期还是低谷期，你都能够坚持并取得良好的业绩表现。

长期主义很重要

场景72

欧阳和小李同时进入一家外资电气企业，他们都有5年的行业工作经验，欧阳做的是公司的销售工程师，小李的岗位是技术支持。

欧阳胸怀大志，想成为带领一家大型企业的总裁。小李更中规中矩一些，更关注如何把眼前的事情做到最好，只希望安安稳稳地成为一个钻研技术的专家。

公司在招聘时，除了考察知识、经验、技能外，对欧阳和小李都进行了性格测试，结果如图13-1所示。

在高潜人才特质评估中，欧阳明显在销售岗位的维度更具优势，小李只在责任心维度有些"过度"，即过度尽职尽责，对于任务愿意全心全意付出。

一对搭档就这样形成。欧阳很快进入角色，业务突飞猛进，小李也是"任劳任怨"地提供支持。

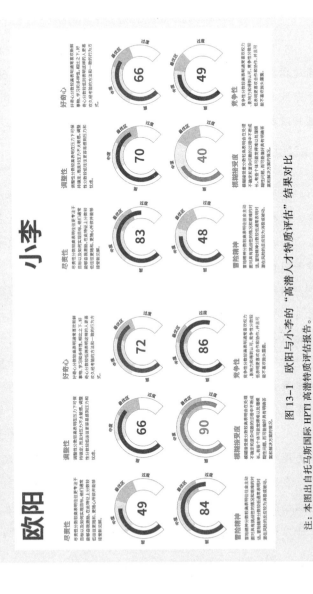

图 13-1　欧阳与小李的"高潜人才特质评估"结果对比

注：本图出自托马斯国际 HPTI 高潜特质评估报告。

3年以后，欧阳的业绩已经成了区域最好的。对手公司通过猎头找到欧阳，承诺让他做区域经理，工资增加60%，于是欧阳抓住机会离开了公司。小李接替欧阳的销售岗位，继续兢兢业业地开展销售工作。2年后公司另外一个区域出现经理岗位的空缺，小李成了区域经理。

　　因为业务发展，公司需要建立一个独立的技术支持部门。小李已经在公司服务7年，本身就是技术支持工程师出身，又有区域销售经理的经验，为人踏实、可靠，在和各个部门沟通时给大家留下良好的印象，于是顺利晋升为技术支持部门的总监。

　　欧阳到了竞争对手公司工作也非常出色，但因为很多老员工把控着很多关键客户，欧阳爱竞争的性格让他在内部开始明争暗斗，觉得公司内部派系林立。这时电气公司的业务进入行业周期的平稳阶段，新兴的电信行业随着移动技术的发展变得炙手可热，欧阳跃跃欲试，几次面试后成为一家世界级移动通信技术公司的区域销售经理。这个行业竞争激烈，人才密度高，收入也高，满足了欧阳对工作的热情，他全力投入工作中，很快站稳脚跟，成为公司的金牌项目经理。

　　我们再看看小李，在做了4年技术支持团队的总监后，他已经在电气公司工作了11年，绩效考核表上，业绩表现、胜任力和领导力表现水平不断提升，越来越趋向于"明星"

员工。但小李并没有关注这些，还是兢兢业业地干着自己的工作。

在这11年间，小李逐渐熬成了公司元老级的员工，公司也在中国市场不断扩大业务，小李所带领的团队也分别有5个小团队支持着5个业务区域。小李在这期间参加了公司全系列的培训，如产品和技术等专业的培训，项目管理及预算管理，精益生产及精益管理，以及数次沟通、教练、激励等方面的培训。小李非常感恩公司让自己有这么系统化学习的机会。

在公司工作的第14年，上级和中国区人力资源副总裁通知小李，他当选公司的全球"未来之星"，这个荣誉全球仅有72人获得，中国有6个人，获得这个荣誉需要满足以下条件：

（1）基础条件：在公司工作8年以上。

（2）必要条件：连续5年各项绩效超出要求。

（3）充分条件：目前绩效考核的胜任力评价都在"非常满意"和"榜样"级别。

公司总部人才发展中心为"未来之星"制订了全球性的培训计划。小李要飞到全球各大区域参加为期1年的由多模块组成的"未来领导者高飞计划"。同时，小李的岗位有了变动，成为公司产品研发部门的负责人，所有的产品经理向他汇报工作。

再来看欧阳，移动通信行业压力非常大，大型项目的商务环节非常复杂，需要和政府、大型通信公司进行全面接洽，工作超级忙碌。公司的很多培训项目欧阳都是能不去就不去，认为培训就是浪费时间。他自己和上级及公司更关心的是业绩。这时候，又有一家如日中天的互联网公司向欧阳抛出橄榄枝，欧阳顺利通过面试，拿到了大客户销售经理的职位，开始有两个助理协助自己。

欧阳和小李都忙碌在自己的跑道上，只会偶尔联系互相了解对方的情况。

小李后来被调到公司总部的战略部门成为高级项目经理，直接向全球战略副总裁汇报工作。小李负责的项目是一个超级保密的计划，电气公司未来5年要在中国投资12.6亿美元，小李需要和一家顶级战略咨询公司对接，与项目组一起工作，同时要和集团内部的各个职能部门的总裁、中国区总裁和副总裁一起开战略月度工作会议。项目启动后，小李调回中国公司，成为中国的"战略—市场—品牌"的副总裁，开始负责这个项目的战略落地。项目顺利结束后，小李又在销售副总裁和首席技术官的岗位上进行了轮岗，已经成为公司一个事业部的首席执行官。而欧阳在这期间又在互联网公司跳槽了两次，一直做着复杂业务的销售和谈判工作。

在场景 72 中，我们可以发现，小李和欧阳选择了完全不同的跑道：欧阳总是在最"流行"的公司工作，但工作岗位基本属于"个人贡献者"的专家路线，是一位擅长操盘大型复杂项目的专家。这和他希望成为大公司总裁的愿景大相径庭。

而小李的职场跑道也和自己想做技术专家的想法完全不同，成为 50 岁不到就全面负责大型公司的总裁，经历了"个人贡献者—带领一个团队—带领多个团队—产品经理负责人—战略项目负责人—副总裁—总裁"的成长路径，是未来集团公司总裁强有力的竞争者。

场景 72 告诉我们，很多人之所以成功，正是因为坚持长期主义。他们毫不动摇地坚持到最后，尽管没有刻意规划，反而自然成就了职场的坦途。

脚踏实地，人生尽是坦途

欧阳和小李有着同样的起跑线，为什么之后的发展有这么大区别呢？也许下面这段话可以说明：

"你需要认准你上的是一条什么样的船，小船就是自己既要做船长，又要做水手。如果是大船，你可以从水手做到水手长，也有机会去试试轮机操作工，又成为轮机长；慢慢地有机会看看舵轮是如何操作的，通过学习理解海图的原理，争取有机会成为'三副'，不断积累经验，接着是'二副''大副'，再看看自己是否能赢得船东的信任，在前任船长退休后成为船长。无论在哪个阶段，一旦你半路下了船，就可能要重新再来一遍。"

分析总结如下：

（1）无论在哪个领域，都会有很多专业性强、经验丰富的人跟你竞争，即使在新兴行业，只要稍有机会，各路资源型的、市场型的、产品型的人才都会杀进来。

（2）在规模型企业内部，如果你想成为带领团队的管理者，就要面对与平级的直接竞争，争取成为"少数的关键"——中高层管理者。

（3）企业是由人构成的组织，公平和能力都是相对的。所有企业组织都希望构建一套尽量公平的绩效评估体系、晋升体系和管理体系，但绝对公平是无法实现的。在能力水平接近的情况下，谁的"情"的方面更好，赢得的信任更多，谁就能争取到更多的资源。

有很多"聪明人"不愿意去竞争，而是更希望找到"捷径"，场景 70 中的大卫和场景 72 中的欧阳都非常聪明能干，就是"耐不住寂寞"和不接受"别人也有资源"，最后并没有取得职业生涯的成功。

我在职场中和一些"跳槽者"共事过，他们心智方程"情"的部分有一个维度有些特殊，就是自尊过高。自尊过高的人，无论自己的能力水平如何，总是觉得自己最正确，虽然这往往表现为自信，但他们经常忘记大型企业组织是由很多不同专业的人才构建的团队，如果一个人过于骄傲，那些低调务实、"擅长忍耐"的能人，怎么会和你合作呢？

职业生涯的巅峰往往不是留给方方面面都最佳的选手，而是留给那些最擅长选择自己跑道的人。他们因为持续的兴趣而愿意长期坚持，跨越各种陷阱，专注脚下，从而将适合自身的职场跑道变成了坦途。

希望你也能拥有这样的坦途。

天生我材必有用

我们把工作叫作职业也好，称作事业也罢，每个人在职场奋斗多年后，都会去回顾自己的经历和选择，也会好奇周围的人的不同选择。我个人就经历了专家、带领团队等不同阶段。机缘巧合，在不惑之年我换到了一条全新的职场跑道——经营一家"小而美"的专业人才培训和发展咨询公司，这也让我有机会总结和研究人才与职业发展的问题。我在书中列出了七条职场跑道，希望可以帮助读者通过PVS胜任模型规划自己的职业生涯，加速成长。

PVS胜任模型中，最关键的是"P"的部分，即个人心智方程"智—心—情—身"四个方面的特征和组合。"四十不惑，五十知天命"，我发现利用心智方程更早地做到自我认知，可以把不惑的年龄段大大提前。

通常求职时，企业都会进行一系列测试，包括智商、情商、领导力、动机、价值观等方面。人力资源负责人也会尽量通过面试，通过人岗匹配来确定候选人是否能胜任工作岗位的要求。作为个体，我们更应该通过个人"P"的部分尽早认知自我，在职业生涯的起点就充分认识自身的优势和局限。

认知决定了一个人可以到达的高度。在信息时代，增加对职业场景的认知，能帮助我们更好地选择职业发展路径。我们完全可以通过了解自身优劣势，提前理解每条职场跑道的价值诉求，即PVS胜任模型中"V"的部分。

例如，一家世界顶级的会计师事务所发现，应聘者想象的工作场景和实际差异非常大。应聘者多只看到了风光无限的地方：高工资、身着高档套装、出入五星级酒店等。而实际情况经常是根本没有时间去享受风景和酒店里的豪华娱乐设施，摆在眼前的是各种财务数据和表格。如果一个人的心智方程就是喜欢"连续8个小时安安静静地坐在灯下计算各种数据"，那么很可能会更容易在这条职场跑道上获得价值感。

七条不同的职场跑道对成功的定义差异非常大。创建并能够经营规模型企业的创业者，是凤毛麟角的商业精英，属于极少数人。虽然创业者群体的数量并不少，但能持久地经营一家"小而美"的公司的，也属于少数人。他们都是成功的。曾经有很多职业经理人问我："我适不适合创业？"我更愿意告诉他们真相，他们可能更适合在规模型企业做管理者或者专家。其实，能够成为专家和高级管理者，在企业组织中也属于"关键的少数"，也是成功者，同样能让我们获得成就感。

当然，我也很欣赏另外一句话："人生更是一场体验。"不管是创业、做一名职业经理人，还是成为专业家、做自由职业者，我们可以不断切换或者尝试不同的职场跑道，体验多彩的职业人生。当然，我还是希望每个人都能找到最适合自己的职业或者事业，乐在其中，走上职业生涯和人生的坦途。

在 PVS 胜任模型中，除了了解个人的心智方程（P），认识不同职场跑道的价值诉求（V），我们还需要刻意练习，掌握相关的技能（S），将技能转化为行动。技能可以帮助我们抓住机会。在职业发展的路途上，充满不确定性和险阻，必须将认知转化为能力，不断在所选择的职场跑道上提升必备技能。

这里说的技能包括专业技能、管理技能、领导力等方面。如同雏鹰，需要不断磨炼，才能翱翔于高空。一个人即使心智方程非常强大，也需要在认准跑道之后，反复修炼技能，不断实践。在飞机上看书的企业家们，每天都坚持训练的苏炳添，都是一样的。篮球巨星科比曾说："我知道每天洛杉矶早晨四点的样子。"他们都具备相应的天赋，并且有明确的跑道，也一直在持续刻意练习相关的技能。

有人问我毕业之后第一份工作应该选择什么样的公司，大企业还是小企业，外资企业还是民营企业。我的答案也很简单，你要看看这家企业是不是自己培养人才的公司。各行各业总有黄埔军校型的企业，它们会投入大量的人力、物力、财力对员工进行培训，让员工伴随企业一起发展。

时代造就了无数各行各业的精英，可惜的是，很多人都是"昙花一现"，能够认清自我、清晰认知环境和机遇，牢牢将事业的风帆把握在自己手上的人并不多。

有的人认为自己是企业家，却不了解企业家精神，不愿意为社会发展带来价值，只注重自身的财富，当时代的红利退去，就会身败名裂。

有的人心智方程更适合成为专家，因为专业能力强大有机会成为综合管理者，却无法通过团队完成任务，只能单打独斗地努力工作着，无法体现团队的价值，搞得个人、公司和下属都无法发挥团队的优势。

有的优秀的销售副总裁在成为总裁后，忙于捕捉商业机会，却忽略了财务数据和组织效率，在经济波动中让企业破产于高成本和现金流断裂。

我还看到过一位顶级设计师的工作室在自己带着两个助理时的盈利非常好，一发展到十几个人就亏损。这位设计师可能更适合成为自由职业者，而不是经营"小而美"的公司。

贝壳网创始人左晖说过，"做难而正确的事"。对于大多数人，我更愿意把这句话说得更具体一些：我们应该做一些适合自己的正确的事，再去挑战自我，不断增加难度。

书写至此，我在这里特别感谢托马斯国际中国区的首席心理学家陈琳琳，她对书中的领导力、智商和情商等基本概念进行了审核；感谢组织人才发展顾问周易老师和插图师赵京伟提供的相关插图。同时我也非常感谢清华大学出版社的宋冬雪老师，出版经纪人李建科、马越婷、朱丽娟三位老师，以及审稿人范翠娜、李媛等老师提供的鼎力支持。

路峰

2023 年 11 月